FAUSSE ROUTE

ELISABETH BADINTER

FAUSSE ROUTE

© Odile Jacob, avril 2003

15, rue Soufflot, 75005 Paris

www.odilejacob.fr

ISBN : 2-7381-1265-X

A ma fille Judith.

LE TOURNANT
DES ANNEES 1990

Il faut un sérieux effort de mémoire pour retrouver l'atmosphère des années 1980. Après les grandes victoires de la décennie 1970 et l'arrivée de la gauche au pouvoir, tous les espoirs étaient permis. Pour certaines, l'heure était à l'enthousiasme, sinon à l'euphorie. En moins de vingt ans, les féministes pouvaient se réjouir d'un bilan glorieux. L'augmentation massive des femmes sur les lieux de travail leur ouvrait enfin les portes d'une certaine indépendance. Dès lors qu'on gagne sa vie et celle de ses enfants, on peut quitter un homme qu'on ne supporte plus. Liberté précieuse, quasiment inconnue de la génération précédente. Le nombre des divorces ne cessait d'augmenter, et peu à peu le mariage traditionnel se vidait de son

11

contenu. *Exit* ce carcan millénaire. Avec la contraception et l'avortement, les femmes occidentales se sont trouvées dotées d'un pouvoir sans précédent dans l'histoire de l'humanité. Qu'on le veuille ou non, cette révolution signait la fin du patriarcat. Tu seras père, si je le veux, quand je le veux. Enfin, on égrenait comme autant de victoires les noms de celles qui investissaient pour la première fois des territoires jusqu'alors masculins. De la première femme reçue major à l'Ecole polytechnique à la première présidente de la Cour de cassation en passant par la première commissaire de police et bien d'autres « premières », on avait le sentiment qu'un bouleversement s'opérait dans la définition des genres.

L'image de la femme traditionnelle s'effaçait pour laisser place à une autre, plus virile, plus forte, presque maîtresse d'elle-même, sinon de l'univers. Enfin, on changeait de rôle ! Après des millénaires d'une tyrannie plus ou moins douce qui la cantonnait aux seconds rôles, la femme devenait l'héroïne du film où l'homme jouait les utilités. Cette inversion si jouissive était certainement source d'une précieuse énergie pour les femmes en quête de nouvelles frontières. D'ailleurs, de frontières, il n'était plus question. Tout ce qui était à lui était à elle, mais tout ce qui est à elle n'est pas à lui. Fortes de cet esprit conquérant, les femmes se voyaient bientôt partager le monde et la maison avec leurs compagnons. L'égalité des sexes devenait l'ultime critère d'une véritable démocratie.

Insensibles à la nouvelle vague du féminisme américain qui tenait un discours essentialiste, séparatiste et « nationaliste » recréant un nouveau dualisme sexuel oppositionnel, les Françaises rêvaient d'une relation apaisée avec les hommes de leur vie : père, mari, patron et tous les autres.

Seules les féministes universitaires avaient lu ou entendu parler des fureurs de la talentueuse Andrea Dworkin ou des combats de la juriste Catharine MacKinnon contre le harcèlement sexuel et la pornographie. Alors qu'au milieu des années 1980 les féministes américaines dénoncent déjà toutes les violences faites aux femmes, entre-tenant ainsi une méfiance croissante à l'égard du sexe masculin, de l'autre côté de l'Atlantique, c'est la double journée de travail et l'inexplicable inertie des hommes qui retiennent l'attention des femmes. Il est vrai que la société française était moins brutale qu'aujourd'hui et que les victimes de la violence masculine se déclaraient peu. C'est donc moins le renforcement de la législation contre le viol en 1980 qui marque un tournant des sensibilités que le succès d'un petit livre drôle et dénué d'acrimonie, *Le Ras-le-bol des superwomen* de Michèle Fitoussi. Paru en 1987, ce livre d'une journaliste de trente-deux ans, mère de deux enfants, est la première pierre jetée avec un tel retentissement populaire dans le jardin des féministes des années 1970. Le titre même devint une expression couramment utilisée dans la presse. Le ras-le-bol était la façon nouvelle de dire : « Nous avons été flouées. »

Parce que l'idée d'un retour à l'état antérieur ne peut être envisagée et qu'il est hors de question de sacrifier sa vie familiale ou professionnelle, la plupart des femmes se sentent contraintes d'avancer coûte que coûte sur la voie tracée par leurs mères. Toutefois, l'heure n'est plus aux conquêtes en chantant. Elle a laissé place à un cheminement psychologique qui va fusionner avec une nouvelle sensibilité sociale. Tout d'abord le désenchantement à l'égard des hommes. La plupart n'ont pas joué le jeu de l'égalité. En tout cas ni assez vite ni assez bien, comme le montrent les horaires comparés des pères et mères de famille. Depuis vingt ans, rien n'a vraiment changé : les femmes continuent d'assumer les trois quarts des tâches familiales et ménagères. De quoi être amères... Tout naturellement, le désenchantement est devenu ressentiment. Contre les féministes qui, après avoir proclamé des objectifs irréalisables, se sont réfugiées ensuite dans le silence ou le *mea culpa*. Contre l'Etat, aux mains des hommes, et qui se fiche bien des problèmes des mères de famille. Contre les hommes enfin, qui ne se contentent pas d'opposer une force d'inertie sans limite à leurs compagnes, mais luttent pied à pied pour conserver leur chasse gardée : les lieux de pouvoir.

Ce constat peu glorieux s'est trouvé amplifié au début des années 1990 par la dureté de la crise économique qui couvait depuis plus de quinze ans. Des millions d'hommes et proportionnellement plus encore de femmes ont fait l'expérience du chômage. L'époque n'était guère propice aux revendications féministes. Au contraire, la société s'est repliée sur elle-même et de nombreuses mères de deux enfants — surtout parmi les plus fragiles économiquement — sont rentrées à la maison, moyennant un demi-SMIC.

Parallèlement à cette expérience de l'impuissance s'est fait jour dans notre société une nouvelle sensibilité qui a engendré peu à peu un renversement de la hiérarchie des valeurs. Depuis la fin des années 1980, et plus encore aujourd'hui, l'homme occidental a cédé avec délice à ce que Pascal Bruckner appelle la *tentation de l'innocence*. La nouvelle figure héroïque n'est plus le battant qui soulève des montagnes, c'est la victime qui se déclare sans défense. « L'infortune est l'équivalent d'une élection, elle ennoblit qui la subit et la revendiquer, c'est s'arracher à l'humanité courante, retourner son dépassement en gloire [...]. Je souffre, donc je vaux », conclut Bruckner. Toute souffrance appelle dénonciation et réparation. La victimisation générale de la société a donc entraîné la montée en puissance des tribunaux. On ne parle plus que de pénalisation et de sanction.

Le féminisme n'a pas échappé à cette évolution. Au contraire, il en a été l'un des fers de lance. On s'intéresse moins à celle qui réalise des exploits qu'à la victime de la domination masculine. La superwoman a mauvaise presse. Au mieux, c'est une exception à la règle, au pire, une privilégiée égoïste qui a rompu le pacte de solidarité avec ses sœurs souffrantes. Rien de plus révélateur à cet égard que la place accordée par les magazines féminins à l'exploit sans précédent de la navigatrice Ellen MacArthur. Que ce petit bout de femme ait remporté l'une des plus épiques Route du rhum, laissant derrière elle les marins les plus chevronnés, n'a suscité qu'un enthousiasme modéré. Certes, *Elle* a titré en une : « Notre héroïne », mais n'a pas jugé nécessaire de lui accorder la couverture, comme il le fit quelques années plus tôt pour Florence Arthaud. Et *Madame Figaro* ne lui a consacré que quelques lignes sous une photo, en prenant soin de partager les compliments entre elle et l'un de ses rivaux malheureux, qui a eu « le courage d'avouer sa peur et fait demi-tour quelques heures après le départ ».

L'exploit des sportives — surtout lorsqu'elles laissent derrière elles leurs collègues masculins — est moins anecdotique qu'il n'y paraît. Elles font la démonstration du pouvoir de la volonté et du courage. Elles rompent avec l'image de la femme impuissante, de la femme qui appelle protection, si chère aux radicales américaines. Les sportives de haut niveau, les grandes reporters ou toutes les autres femmes qui font leur chemin dans des territoires masculins dérangent l'idéologie dominante. On préfère donc les ignorer et réserver son attention au thème de l'éternelle oppression masculine.

Rien n'a changé, disent les unes. C'est même pire, disent les autres. La violence masculine n'a jamais été mise aussi clairement sur la sellette. Violence sociale et violence sexuelle ne font plus qu'un. Le coupable est pointé du doigt : c'est l'homme dans tous ses états. De nombreux sociologues et anthropologues ressassent le même constat désespéré : naturelle ou culturelle, la suprématie masculine est universelle. Sans oublier son corollaire : les femmes sont toujours et partout en position d'infériorité, donc victimes réelles ou potentielles. C'est à peine si on reconnaît que cette situation navrante n'a plus cours dans le domaine de la reproduction... Et quand on l'admet, on omet d'en tirer toutes les conséquences[1].

Cette démarche « victimiste[2] » n'est pas dénuée d'avantages. Tout d'abord, on se sent d'emblée du bon côté de la barricade. Non seulement parce que la victime a toujours raison, mais parce qu'elle suscite une commisération symétrique à la haine sans merci que l'on voue à son bourreau. Les pénalistes le savent bien : le public s'identifie rarement au criminel qui est dans le box. Ensuite,

---

1. Les nouvelles techniques de reproduction minimisent de plus en plus la participation masculine. Sans parler même de la menace que fait peser le clonage reproductif sur le genre masculin.
2. Néologisme qui désigne l'attitude consistant à se définir en priorité comme une victime.

la victimisation du genre féminin permet d'unifier la condition des femmes et le discours féministe sous un drapeau commun. Ainsi, le casse-tête des différences culturelles, sociales ou économiques s'évanouit par un coup de baguette magique. On peut même comparer sans rougir la condition des « Européennes » avec celle des « Orientales » et affirmer que « partout les femmes, parce qu'elles sont des femmes, sont victimes de la haine et de la violence[1] ». La bourgeoise du VIIe arrondissement et la jeune beurette des banlieues : même combat.

Pourtant, à confondre les vraies et les fausses victimes, on risque de se méprendre sur l'urgence des combats à mener. A souligner sans cesse l'image de la femme opprimée et sans défense contre l'oppresseur héréditaire, on perd tout crédit auprès des jeunes générations qui ne l'entendent pas de cette oreille. D'ailleurs, que propose-t-on à celles-ci, sinon toujours plus de victimisation et de pénalisation ? Rien de bien enthousiasmant. Rien non plus qui puisse changer leur vie quotidienne. Au contraire, obsédé par le procès du sexe masculin et la problématique identitaire, le féminisme de ces dernières années a laissé de côté les combats

---

1. Antoinette Fouque, *Marianne*, 9-15 décembre 2002.

qui ont fait sa raison d'être. La liberté sexuelle cède le pas à l'idéal d'une sexualité domestiquée pendant qu'on voit réapparaître le mythe de l'instinct maternel sans que nul ne s'interroge. Il est vrai qu'on est revenu à la définition implicite de la femme par la maternité pour justifier l'inscription de la différence des sexes dans la Constitution, comme si davantage de femmes dans les assemblées valait bien qu'on remette à l'honneur les vieux stéréotypes.

Il faut aujourd'hui s'interroger : quels sont les progrès réels accomplis depuis quinze ans ? Le discours féministe médiatisé[1] qui se fait entendre actuellement reflète-t-il les préoccupations de la majorité des femmes ? Quels paradigmes féminin et masculin cherche-t-il à promouvoir ? Quel modèle de sexualité veut-il imposer ? Autant de questions qui appellent parfois un détour par les Etats-Unis. Non pas que nous ayons avalé tel quel le potage américain. Mais avec retard — comme d'habitude — nous lui avons emprunté quelques idées qu'on a mélangées aux nôtres. Reste à juger du résultat.

---

1. A ne pas confondre avec les études féministes qui s'adressent à un public universitaire.

CHAPITRE I

LE NOUVEAU DISCOURS
DE LA METHODE

Les critères cartésiens de la vérité n'ont plus cours depuis longtemps. A l'idée « claire et distincte », nous préférons l'analogie et la généralisation. Bref, l'amalgame qui consiste à « mélanger des éléments différents qui ne s'accordent guère[1] ». Or l'amalgame est moins l'outil du savant que du politique. Par ailleurs, la philosophie qui fonde l'actuel féminisme victimiste est difficile à cerner. Il concerne différentes nébuleuses où le culturalisme côtoie le naturalisme et un essentialisme qui ne dit jamais son nom. On a souvent le sentiment

---

1. Définition du *Robert* qui dit aussi : « Méthode consistant à englober artificiellement en exploitant un point commun, diverses formations. »

que les principes ne commandent pas l'action, mais que celle-ci produit des justifications après coup. L'enjeu étant moins une théorie du rapport des sexes que la mise en accusation de l'autre sexe et d'un système d'oppression. Nouvelle logique, mais vieille philosophie. Qu'il le veuille ou non, ce féminisme-là a accouché d'une représentation de la femme qui risque de nous ramener loin en arrière ou de nous mener là où nous ne voulons pas aller.

LA LOGIQUE DE L'AMALGAME

Elle s'applique avant tout au domaine de la sexualité et procède par généralisations et analogies. On ne distingue plus entre l'objectif et le subjectif, le mineur et le majeur, le normal et le pathologique, le physique et le psychique, le conscient et l'inconscient. Tout est mis sur le même plan au nom d'une conception particulière de la sexualité et du rapport des sexes.

Le continuum des violences

Depuis trente ans, le féminisme radical américain a patiemment tricoté les mailles d'un continuum du crime sexuel qui veut démontrer le long martyrologe féminin. En l'espace de quelques années parurent trois livres issus de ce courant qui imposèrent le thème de l'oppression sexuelle des femmes. Le premier traitait du viol[1], le deuxième du harcèlement sexuel[2], et le dernier de la pornographie[3]. Leurs auteurs, Susan Brownmiller, Catharine MacKinnon et Andrea Dworkin, en retirèrent une considérable célébrité. Par la suite, Dworkin et MacKinnon travaillèrent de concert, puisqu'elles étaient d'accord sur l'essentiel : les femmes sont une classe opprimée, et la sexualité est la racine même de cette oppression. La domination masculine repose sur le pouvoir des hommes à traiter les femmes comme des objets sexuels. Ce pouvoir que l'on fait remonter à l'origine de l'espèce aurait été inauguré par le viol. Surtout, à leurs yeux, le viol, le harcèlement sexuel, la pornographie et les voies de fait (coups et blessures) forment un ensemble qui relève de la même violence à l'encontre des femmes[4]. Sans oublier la prostitution, le strip-tease

---

1. S. Brownmiller, *Against our Will. Men, Women and Rape*, 1975. Elle affirme : « Le viol n'est qu'un moyen conscient d'intimidation par lequel tous les hommes conservent toutes les femmes en état de crainte. »
2. C. MacKinnon, *Sexual Harassment of Working Women*, 1979.
3. A. Dworkin, *Pornography. Men Possessing Women*, 1981.
4. C. MacKinnon, *Feminism Unmodified*, 1987, chap. 7.

et tout ce qui a rapport de près ou de loin à la sexualité. Le verdict est sans appel : il faut contraindre les hommes à changer leur sexualité. Et pour ce faire : modifier les lois et saisir les tribunaux.

Les féministes libérales protestèrent avec véhémence contre cette approche qui en appelait à la censure, piétinait la liberté sexuelle et résonnait comme une déclaration de guerre adressée au genre masculin[1]. Redoublant de provocations, Andrea Dworkin fut laissée à ses outrances et servit de repoussoir à ce nouveau féminisme. Sa philosophie victimiste fit pourtant son chemin. Elle n'hésita pas à comparer les femmes aux survivants des camps de concentration, et le mot *survivor* se retrouva ensuite sous bien d'autres plumes. C'est sa complice MacKinnon, brillante avocate et professeur de droit dans de prestigieuses universités, qui mena la bataille juridique avec le succès que l'on sait. Non seulement elle fit reconnaître le harcèlement sexuel comme une forme de discrimination sexuelle par la Cour suprême des Etats-Unis, en 1986, mais, alliée aux lobbies les plus conservateurs et avec le support sans faille des Républicains, elle réussit à faire voter

---

1. *Cf.* Gayle S. Rubin, « Penser le sexe. Pour une théorie radicale de la politique de la sexualité », *Marché au sexe*, EPEL, 2001.

par deux fois en 1983 et 1984 — dans les villes de Minneapolis et d'Indianapolis — l'ordonnance dite « MacKinnon-Dworkin » contre la pornographie. Celle-ci étant devenue une violation des droits civils, l'ordonnance s'appliquait sans distinction aux films, aux livres et aux journaux. Dès lors qu'une femme disait se sentir « en état d'infériorité », elle pouvait faire interdire l'objet de son humiliation. C'étaient des pans entiers de la littérature classique et du cinéma qui étaient menacés de passer à la trappe. Cette fois, des féministes de tous horizons (de Betty Friedan à Kate Millett en passant par Adrienne Rich) s'opposèrent bruyamment à ce délire de censure. Après un combat acharné, le premier amendement sur la liberté d'expression s'imposa à tous. Mais le prestige et l'audience de MacKinnon se trouvèrent décuplés. D'autant que la Cour suprême du Canada fit sienne en 1992 une bonne partie de ses théories sur la pornographie.

Etrangement, ni Dworkin ni MacKinnon n'eurent leurs livres traduits en français. Peut-être furent-ils jugés incompatibles avec l'état d'esprit des Françaises. Plus curieusement encore, leurs noms apparaissent rarement dans les travaux féministes. Comme si leur extrémisme affiché sentait par trop le soufre. Pourtant, nombre de leurs idées ont traversé l'Atlantique, *via* nos amis québécois, les institutions européennes et les nombreux universitaires qui fréquentent les campus américains où ces idées-là sont le mieux prêchées.

En France, tout commença par une prise de conscience salutaire. En 1978, le procès exemplaire d'Aix-en-Provence contre trois violeurs servit de révélateur à toute la société. Conduit de main de maître par Gisèle Halimi, avocate des deux victimes et présidente de l'association Choisir-La cause des femmes, il se transforma en procès du viol, trop souvent assimilé à un simple attentat à la pudeur ; en procès de la police et de la justice qui découragent les femmes de porter plainte en ajoutant l'humiliation au soupçon ; en procès enfin de l'inertie d'une société qui mésestime la gravité des crimes sexuels, parce qu'« un monde de valeurs masculines a, en fait, justifié le viol par la "naturelle virilité agressive" de l'homme et la "passivité masochiste de la femme[1]" ». Grâce à ce procès-forum, on commença à dire que les blessures psychologiques mettent plus de temps à cicatriser que les traumatismes physiques. Dissimulée ou non prise en compte, la souffrance est irréversible. Les victi-

---

1. Choisir-La cause des femmes, *Viol, le procès d'Aix*, 1978, p. 413.

mes d'Aix parlent de destruction, de perte d'identité et de mort. Comme l'écrit justement G. Vigarello, « la référence au traumatisme intérieur [...] devient une des références majeures pour qualifier la gravité du crime[1] ».

A la suite du procès d'Aix, le viol est redéfini et requalifié. La loi du 23 décembre 1980 stipule : « Tout acte de pénétration sexuelle, de quelque nature qu'il soit, commis sur la personne d'autrui par violence, contrainte ou surprise, constitue un viol[2]. » Les peines accrues vont de cinq à vingt ans de réclusion criminelle en fonction des circonstances du crime. En dépit de multiples résistances, les plaintes pour viol n'ont pas cessé d'augmenter[3] : 892 en 1992 ; 1 238 en 1996. Le plus remarquable est l'augmentation des peines de dix à vingt ans : 283 en 1992 et 514 en 1996[4]. Au-delà du viol, d'autres délits ayant trait à la sexualité seront eux aussi redéfinis et requalifiés. Le nouveau Code pénal de 1992 ne parle plus d'« attentats aux

---

1. *Histoire du viol, XVIe-XXe siècle*, 1998, p. 246.
2. Article 332 de l'ancien Code pénal.
3. En 1999, 8 700 femmes ont porté plainte pour viol, et 1 200 personnes furent condamnées. Chiffres avancés par la présidente de Viols femmes informations dans *Le Journal du dimanche* du 8 mars 2003.
4. *Annuaire statistique de la Justice*, éd. 1998.

mœurs », mais d'« agressions sexuelles » : « Constitue une violence sexuelle toute *atteinte* sexuelle commise avec violence, contrainte, menace ou surprise[1]. » La notion d'atteinte sexuelle s'élargit et « introduit une ère nouvelle des actes ostracisés[2] » qui inclut la violence morale et psychologique.

A l'instar des Américains, on créa en 1992 le nouveau délit de « harcèlement sexuel » qui complétait l'ancien abus d'autorité. Grâce à la sagesse du Parlement et de Véronique Neiertz, alors ministre des Droits des femmes, le texte adopté limitait la pénalisation aux rapports hiérarchiques. A des Américains qui s'étonnaient d'une telle restriction, notre ministre aurait répliqué qu'elle conseillait aux femmes qui se sentaient harcelées par des collègues de travail de répondre par une « bonne paire de claques[3] ». Ce propos de bon sens fut vite oublié. Dix ans plus tard, la loi du 17 janvier 2002[4] introduisit le nouveau délit de harcèlement moral qui évacue la notion d'autorité. Le harcèlement sexuel ou moral du petit chef est bien connu du monde du travail, et l'on a eu rai-

---

1. Section 3, livre II du Code pénal souligné par nous.
2. G. Vigarello, *op. cit.*, p. 254.
3. *New York Times,* 3 mai 1992.
4. Loi de modernisation sociale, article 222-33-2.

son de le sanctionner. Mais, pour le reste, n'aurait-il pas mieux valu encourager les femmes (et les hommes) à se défendre elles-mêmes plutôt que de les considérer comme des êtres sans défense ? Le 17 avril 2002, Mme Anna Diamantopoulou, commissaire chargé de l'emploi et des affaires sociales, annonçait que le Parlement européen venait d'adopter une loi contre le harcèlement sexuel ainsi défini : « Un comportement non désiré, verbal, non verbal ou physique, à connotation sexuelle, qui tente de porter atteinte à la dignité d'une personne, en créant une situation intimidante, hostile, dégradante, humiliante ou offensante[1]. » Non seulement le harceleur peut être un collègue ou un subordonné, mais les termes utilisés sont si imprécis et si subjectifs que tout et n'importe quoi peut être qualifié de harcèlement. Cette définition ne mentionne même plus, comme l'actuelle loi française, la notion d'« agissements répétés ». C'est la porte ouverte au *visual harassment* (regard trop insistant) et autres fadaises. Que devient alors la frontière entre

---

1. *Le Monde*, 19 avril 2002. Pour couronner le tout, la loi européenne prévoit que la charge de la preuve est inversée. Cette loi s'appliquera à partir de juillet 2005.

31

l'objectif et le subjectif, le réel et l'imaginaire ? Sans parler de celle qui sépare la violence et l'intention sexuelle. A titre d'exemple indiscutable de violence, Mme Diamantopoulou citait l'affichage de photos pornographiques sur un mur, façon d'annoncer quelle était la prochaine cible. Nul doute que nous assistions à une dérive à l'américaine. Le temps n'est pas loin où, comme à Princeton, sera considérée comme harcèlement sexuel « toute attention sexuelle non désirée qui engendre un sentiment de malaise ou cause des problèmes à l'école, au travail ou dans les relations sociales ».

L'extension du concept de violence aux agressions verbales et aux pressions psychologiques telle qu'elle est revendiquée par la récente enquête « Nommer et compter les violences envers les femmes[1] » ouvre la porte à toutes les interprétations. Comment mesurer par questionnaire fermé « l'atteinte à l'intégrité psychique d'une personne » ? Où commence l'insulte dans un lieu public et où finit-elle ? Ce qui est ressenti par l'une ne l'est pas nécessairement par l'autre, et la

---

1. Enquête de Maryse Jaspard et l'équipe Enveff commanditée par le secrétariat des Droits des femmes et réalisée par téléphone de mars à juillet 2000 auprès d'un échantillon représentatif de 6 970 femmes. *Cf. Population et sociétés*, n° 364, janvier 2001.

question est laissée à l'appréciation de chacune. De même en ce qui concerne les pressions psychologiques dans le couple. Parmi les neuf questions[1] censées mesurer ce type de violence, certaines laissent pensif. Par exemple celles-ci : « Au cours des douze derniers mois, est-ce que votre conjoint ou ami(e) : a critiqué, dévalorisé ce que vous faisiez ? A fait des remarques désagréables sur votre apparence physique ? Vous a imposé des façons de vous habiller, de vous coiffer, ou de vous comporter en public ? N'a pas tenu compte ou a méprisé vos opinions ? A prétendu vous expliquer ce que vous deviez penser[2] ? » Le malaise grandit quand on retrouve ces pressions psychologiques — qui reçoivent le plus haut pourcentage de réponses positives — figurer dans l'indice global des violences conjugales[3] à côté des « insultes et menaces verbales », du « chantage affectif » et au même titre que les « agressions physiques », les « viols et autres pratiques sexuelles imposées ». L'indice global de

---

1. Voir page suivante l'extrait du questionnaire : « Les pressions psychologiques dans le couple ».
2. Avoir subi plus de trois faits constitutifs de pressions psychologiques dont l'un au moins de façon fréquente renvoie à la notion de harcèlement moral.
3. Voir tableau page 36.

violence conjugale ainsi calculé toucherait donc *10 %* des Françaises, étant entendu que 37 % d'entre elles se plaignent de pressions psychologiques, 2,5 % d'agressions physiques et 0,9 % de viols ou autres pratiques sexuelles imposées.

Extrait du questionnaire :
« Les pressions psychologiques dans le couple »

• *Au cours des 12 derniers mois, est-ce que votre conjoint ou ami(e) :*
/ jamais / rarement / quelquefois / souvent / systématiquement

1. vous a empêchée de rencontrer ou de parler avec des amis ou membres de votre famille ?
2. vous a empêchée de parler à d'autres hommes ?
3. a critiqué, dévalorisé ce que vous faisiez ?
4. a fait des remarques désagréables sur votre apparence physique ?
5. vous a imposé des façons de vous habiller, de vous coiffer, de vous comporter en public ?
6. n'a pas tenu compte ou a méprisé vos opinions, a prétendu vous expliquer ce que vous deviez penser ?
    a/ dans l'intimité   b/ devant d'autres personnes
7. a exigé de savoir avec qui et où vous étiez ?
8. a cessé de vous parler, refusé totalement de discuter ?
9. vous a empêchée d'avoir accès à l'argent du ménage pour les besoins courants de la vie quotidienne ?

« Nommer et compter les violences envers les femmes : une première enquête nationale en France », Maryse Jaspard et l'équipe Enveff, *Population et sociétés*, n° 364, janvier 2001, p. 4.

La perplexité l'emporte. Est-il possible d'ajouter les actes physiques aux sentiments psychologiques comme s'il s'agissait d'éléments de même nature ? Est-il légitime de réunir sous le même vocable le viol et une remarque désagréable ou blessante ? On dira que, dans les deux cas, une douleur est éprouvée. Mais ne serait-il pas plus rigoureux de distinguer entre la douleur objective et la douleur subjective, entre la violence, l'abus de pouvoir et l'incivilité ? Le terme de violence est si lié dans nos esprits à la violence physique qu'on court le risque d'engendrer une regrettable confusion et de laisser croire que *10 %* des Françaises sont agressées physiquement par leur conjoint[1].

Cette addition de violences hétérogènes qui reposent sur le simple témoignage de personnes jointes au téléphone fait la part belle à la subjectivité. En l'absence de confrontations avec le conjoint et d'entretiens approfondis, comment prendre pour acquis les réponses obtenues ?

---

1. Ainsi, le 21 janvier 2003, lors de la journée consacrée aux violences conjugales, un journaliste d'une radio périphérique annonça au journal de 20 heures : « 10 % des Françaises sont battues par leur mari ! » Le 26 mars 2003, *Libération* titre à propos d'un magazine télévisé : « Une femme sur sept battue en France. »

Proportion de femmes ayant déclaré avoir subi des violences conjugales au cours des 12 derniers mois selon la situation de couple au moment de l'enquête (en %)

Type de violence	En couple (n = 5 793)	Plus en couple (n = 115)	Ensemble (n = 5 908)
Insultes et menaces verbales	4,0	14,8	4,3
– *dont répétées*	*1,6*	*8,1*	*1,8*
Chantage affectif	1,7	8,2	1,8
Pressions psychologiques	36,5	59,4	37,0
– *dont répétées*	*23,5*	*52,4*	*24,2*
– *dont harcèlement moral (1)*	*7,3*	*27,3*	*7,7*
Agressions physiques	2,3	10,2	2,5
– *dont répétées*	*1,3*	*6,9*	*1,4*
Viols et autres pratiques sexuelles imposées	0,8	1,8	0,9
Indice global de violence conjugale (2)	9,5	30,7	10,0

(1) Avoir subi plus de trois faits constitutifs de pressions psychologiques dont l'un au moins a une occurrence fréquente.
(2) Avoir subi du harcèlement moral ou des insultes répétées, ou du chantage affectif, ou des violences physiques ou sexuelles.
Champ : femmes de 20 à 59 ans ayant eu une relation de couple au cours des 12 mois précédant l'enquête.

Population et sociétés, op. cit., p. 3.

La logique de l'amalgame ne s'arrête pas là. En raison peut-être de la racine commune des mots « viol » et « violence », toute violence sexuelle — et l'on a vu l'extension constante de cette notion — est assimilée à une atteinte à l'intégrité, à une sorte de viol. Sans aller aussi loin que Dworkin et MacKinnon qui assimilent la pornographie au viol et la comparent même à l'esclavage, au lynchage, à la torture et à l'Holocauste, on entend de plus en plus de voix assimiler le harcèlement sexuel au viol. Ainsi, le psychiatre Samuel Lepastier, auteur de plusieurs études sur le harcèlement sexuel, déclare à *L'Express*[1] : « Le harcèlement sexuel doit être tenu pour l'équivalent d'un viol, la contrainte morale remplaçant la force physique. C'est un viol incestueux ; le supérieur hiérarchique, qui détient une autorité, incarne une image parentale. » En est-il de même avec la nouvelle définition du harcèlement qui s'étend aux collègues et aux subordonnés ? Dans le harcèlement sexuel, on trouve, dit le psychiatre, « plus le besoin d'humilier la femme et de la rabaisser que celui d'en tirer du plaisir ». Mais à la question : « Comment réagir devant un harceleur ? », il fait cette réponse : « Plus on résiste, mieux c'est. Il faut lui répondre, rappeler la loi : "C'est interdit. Je ne veux pas." Le harceleur est comme un petit garçon vicieux : on peut lui résister. » Or là est bien la différence essentielle entre harcèlement et viol. Quelle femme peut résister à un homme vigoureux décidé à la violer dans un lieu isolé ?

---

1. *L'Express* du 13 mai 1999. Propos recueillis par Marie Huret.

De son côté, l'avocat Emmanuel Pierrat développe la même analogie du point de vue des plaignants : « En matière de harcèlement sexuel, le rapprochement avec un certain discours sur le viol [...] s'impose encore. Les arguments de la défense y sont les mêmes : la victime l'y a poussé, elle en a profité [...]. Il est frappant de retrouver les mêmes ingrédients dans la plupart des affaires de crimes ou de délits sexuels, qu'il s'agisse du viol, du harcèlement ou encore de la pédophilie : dénigrement des victimes, sentiment d'impunité de l'abuseur, dont les actes se répètent souvent[1]. »

D'autres enfin assimilent la prostitution à un viol. Faisant l'amalgame entre les multiples formes de prostitutions, les prohibitionnistes ne détaillent pas entre les esclaves aux mains des proxénètes mafieux et celles qui sont indépendantes. Tel est le cas, par exemple, du Collectif féministe contre le viol, qui affirme : « Il y a dans le viol et la prostitution la même appropriation par les hommes du corps des femmes. Le système de la prostitution est en soi une violence sexiste et sexuelle à prendre en compte à côté des autres violences contre les femmes, viols et violences

---

1. *Le Monde*, 7 mars 2002.

conjugales[1]. » Pour appuyer ses dires, le Collectif fait état des appels reçus à la permanence téléphonique de Viols femmes informations et conclut que « la principale porte d'entrée dans la prostitution est le viol puisque 80 % des personnes prostituées auraient subi des agressions sexuelles dans l'enfance[2] ». Ce chiffre de 80 % constamment mentionné sous la plume des prohibitionnistes est rarement suivi d'une précision essentielle, à savoir que ce pourcentage ne concerne que celles qui font appel aux associations et aux services sociaux. Ce qui est loin d'être le cas de toutes les prostituées. En vérité, les chiffres avancés habillent un parti pris idéologique qui prétend que la prestation de services sexuels est le comble de l'humiliation féminine et donc identique au viol. Alors que les femmes violées se plaignent légitimement de l'offense qui leur est faite, nombre de prostituées refusent l'amalgame. Pour les faire taire, on a inventé pour elles le statut de « victimes absolues » qui les réduit au silence. Alors que la moindre parole féminine vaut de l'or, celle de la prostituée ne vaut pas tripette. Elle est

---

1. *Bulletin 2002*, p. 15.
2. *Ibid.*, p. 29.

considérée d'emblée comme mensongère ou manipulée. Façon cavalière de se débarrasser de leurs objections, façon méprisante de les considérer. Bien qu'elles s'en défendent à grands cris, les prohibitionnistes sont en guerre contre les prostituées. Car, dès lors que ces dernières récusent l'image de la victime dont on veut les couvrir, elles mettent en péril un large pan des théories sur la sexualité soutenues actuellement.

Les statistiques au service d'une idéologie

L'élargissement du concept de violences sexuelles aboutit évidemment à l'augmentation des crimes et des délits sexuels. On sait combien il est difficile de porter plainte pour les femmes violées ou les victimes de coups et blessures de la part d'un conjoint. Il faut donc se réjouir, paradoxalement, que les plaintes pour viol augmentent d'année en année, démontrant ainsi qu'on n'entend plus laisser impunie cette ignominie. On sait bien, de plus, qu'elles ne reflètent pas le nombre réel de viols commis. Il faut un immense courage à la femme violée (par un familier ou non) pour déclencher tout le processus policier et judiciaire. La répétition jusqu'à plus soif des gestes de l'humiliation et de la souffrance éprouvée, les années d'attente, le procès public.

De ce point de vue, il faut rendre hommage au féminisme actuel qui a donné au viol sa véritable signification et s'est largement mobilisé pour sortir les victimes de leur solitude et de leur silence. C'est grâce aux associations qui les écoutent et les soutiennent que celles-ci trouvent souvent le courage de déposer plainte.

Ce crime largement sous-évalué dans tous les pays a toutefois donné lieu à des estimations parfois stupéfiantes de la part des féministes les plus radicales. Catharine MacKinnon affirme que « 44 % des Américaines ont subi un viol ou une tentative de viol [...], 4,5 % sont victimes d'inceste paternel et 12 % de la part d'autres hommes de la famille, ce qui fait un total de 43 % de toutes les filles ayant l'âge de dix-huit ans[1] ». Outre que les calculs sont peu compréhensibles et l'origine des chiffres inconnue,

---

1. Cité par Christopher M. Finan, Catharine A. MacKinnon : *The Rise of a Feminist Censor*, 1983-1993. Voir aussi C. MacKinnon, « Sexuality, pornography and method », *Ethics 99*, janvier 1989, p. 331. En 1992, le département de la Justice annonçait de tout autres statistiques : 8 % de l'ensemble des Américaines seront victimes de viol ou de tentatives de viol dans leur vie.

on est en droit de suspecter une manipulation. L'objectif évident est de montrer qu'une Américaine sur deux est victime de la pire violence masculine et que celle-ci n'est pas l'exception mais la règle, la norme. Ce qui autorise à parler de *rape culture*, à voir dans le viol une « conduite masculine normale ».

En 1985, le grand magazine *Ms* publia une enquête qui mit le monde universitaire sens dessus dessous. C'était une commande faite à un professeur de psychologie, Mary Koss, connue pour son féminisme orthodoxe[1]. Selon l'enquête menée sur les campus, une étudiante sur quatre était victime d'un viol ou d'une tentative de viol. Mais, parmi ces victimes, seules un quart d'entre elles appelaient « viol » ce qui leur était arrivé. En outre, Koss avait demandé aux 3 000 jeunes filles interrogées : « Vous êtes-vous livrée à des jeux sexuels (caresses, baisers, pelotage, mais pas de relation sexuelle) alors que vous ne le souhaitiez pas parce que vous avez été *submergée* par les arguments et les pressions continuelles d'un

---

1. Elle avait déjà publié un article sur le viol dans lequel elle soutenait que « le viol est une conduite extrême, mais qui a sa place sur le continuum du comportement masculin », *Journal of Consulting and Clinical Psychology*, 50, n° 3, 1982, p. 455.

homme[1] ? » 53,7 % ayant répondu par l'affirmative furent comptées *in petto* comme des victimes sexuelles.

« *Une sur quatre* » devint la statistique officielle citée dans les départements des *women studies* par les magazines féminins, les associations contre le viol et par les politiques. Susan Faludi et Naomi Wolf, deux stars du féminisme américain, l'utilisèrent comme une bannière. C'est un professeur à la Berkeley's School of Social Welfare, Neil Gilbert, et une jeune PhD de Princeton, Katie Roiphe, qui les premiers s'interrogèrent sur la validité de ces statistiques. Le premier montra que les questions de Koss étaient bien trop ambiguës et l'interprétation des réponses biaisée[2]. Il s'étonna que 73 % des jeunes femmes recensées comme violées refusaient de se considérer comme telles et que 42 % d'entre elles eurent à nouveau

---

1. Pour l'histoire de cette enquête et la tempête qu'elle déclencha, *cf.* Richard Orton, « Campus rate : understanding the numbers and defining the problem », *Ending Men's Violence Newsletter*, été/automne 1991 ; Katie Roiphe, *The Morning After*, 1993 ; Christina Hoff-Sommers, *Who Stole Feminism ?*, 1994. Souligné par nous.
2. « Realities and mythologies of rape », *Society*, 29, mai-juin 1992. Voir aussi « Examining the fact : advocacy research overstates the incidence of date and acquaintance rape », *Current Controversies in Family Violence*, Richard Gelles et Donileen Loseke éd., 1993, p. 120-132.

des relations sexuelles avec leur supposé violeur.
Enfin, il souligna qu'en dépit des nombreuses
campagnes contre le viol sur les campus et de
l'ouverture de centres d'assistance seules deux
plaintes pour viol avaient été enregistrées à la
police en 1990, quand l'Université de Berkeley
comptait 14 000 étudiantes. Roiphe fit les mêmes
observations concernant Princeton. Alors que les
étudiantes ne parlaient que de cela, comment
expliquer qu'il y avait si peu de plaintes et « si
25 % de mes amies ont vraiment été violées,
comment ne l'ai-je pas su[1] ? ». Du coup, elle
publia un livre sur ce nouveau féminisme victimiste et sa vision des relations sexuelles. *The
Morning After : Sex, Fear and Feminism on Campus*
lui valut un grand succès public et la haine des
militantes. Elle fut dénoncée comme traître à la
solde du patriarcat. Quant à Neil Gilbert, il fit
l'objet de boycotts et de dénonciations. Sur le
campus de Berkeley des étudiants manifestèrent
en chantant : *cut it out or cut it off.* Certains
brandissaient des pancartes où l'on pouvait lire
KILL NEIL GILBERT[2].

---

1. *New York Times Magazine,* 13 juin 1993.
2. Rapporté par Christina Hoff-Sommers, *op. cit.,* p. 222.

Le trouble étant jeté, de nouvelles enquêtes sur le viol furent publiées. Celle du National Women's Study (1992) concluait qu'une Américaine sur huit (soit 12 %) était violée, alors que celle de Louis Harris donnait le chiffre de 3,5 %. D'autres enquêtes firent état de chiffres plus bas qui n'eurent pas l'honneur des gros titres de la presse. On l'aura compris, l'enjeu des statistiques était plus politique que scientifique. Plus le pourcentage de viols était haut, plus on pouvait promouvoir l'idée d'une culture américaine sexiste et misogyne et d'un mâle américain particulièrement violent.

En France, l'enquête Enveff sur les violences envers les femmes publia des chiffres plus convaincants. L'indicateur global d'agressions sexuelles mesurant la proportion de femmes ayant déclaré avoir subi au moins une fois des attouchements sexuels, une tentative de viol ou un viol au cours de l'année, tous cadres réunis (dans l'espace public, au travail ou au foyer), concernait en 2000 1,2 % des femmes interrogées. Les viols, 0,3 % de ces femmes. En appliquant cette proportion aux 15,9 millions de femmes âgées de vingt à cinquante-neuf ans vivant en France métropolitaine (recensement 1999), « ce sont quelque 48 000 femmes [de cet âge] qui auraient été victimes de viol dans l'année[1] », concluent les rapporteurs. Résultat qui ne prend pas en compte le viol des mineures et laisse à penser que seuls 5 % des viols de femmes majeures font l'objet d'une plainte.

Ces données sont suffisamment graves pour qu'on les utilise avec précaution. On peut donc s'étonner de l'utilisation qui en est faite dans le *Bulletin 2002* du Collectif féministe contre le viol[2]. Dans un encadré annonçant les résultats de l'Enveff on lit :

« • 11,4 % des femmes ont été victimes d'au moins une agression sexuelle au cours de leur vie (attouchement, tentative de viol et viol) :

— 34 % avant l'âge de 15 ans ;

— 16 % entre 15 et 17 ans ;

— 50 % adultes de plus de 18 ans ;

• 8 % des femmes ont subi au moins un viol ou une tentative (1/3 sur des mineures). »

D'où sortent ces chiffres que l'on ne trouve pas dans l'enquête de l'Enveff consacrée aux vingt-cinquante-neuf ans ? Quelles sont les sources des

---

1. *Population et sociétés*, n° 364, janvier 2001, p. 4. Le chiffre de 48 000 viols est déduit d'une estimation comprise entre 32 000 et 64 0000 (intervalle de confiance à 95 %).
2. *Bulletin 2002*, p. 12. Rappelons que le rapport sur *Les Comportements sexuels des Français* d'A. Spira et N. Bajos, La Documentation française, 1993, faisait état de 4,7 % de femmes victimes de rapports contraints, soit un peu plus d'une sur vingt (p. 217-219).

violences faites aux mineures? Est-ce le résultat d'une extrapolation faite à partir des appels reçus à leurs permanences? Mais, si c'est le cas, pourquoi ne pas le mentionner spécifiquement au lieu de mélanger ces pourcentages à ceux de l'enquête nationale réalisée auprès de 7 000 femmes? Quant au chiffre de 8 % de femmes violées ou ayant subi une tentative de viol, on comprend mal comment il a été calculé à partir des seules données de l'enquête.

Si l'on admet ce pourcentage de 8 %, on n'en a pas terminé avec les mauvaises nouvelles. Deux articles relatant un documentaire télévisé consacré au viol[1] (tiré de l'histoire authentique de Marie-Ange Le Boulaire, journaliste et réalisatrice du documentaire) font état d'un autre chiffre. « Une femme sur huit en France a subi un viol », peut-on lire, ce qui ne fait plus 8 % mais 12 %. Chiffre que l'on retrouve à la page quatre de la couverture du livre que l'auteur a consacré à ce sujet, alors qu'à l'intérieur de ce même livre Marie-Ange Le Boulaire écrit : « Une femme sur huit a subi ou subira au cours de sa vie une agression sexuelle[2]. »

---

1. *Libération*, 7 novembre 2002 ; *Télécinéobs*, 2-8 novembre 2002. Compte rendu du film *Le Viol* projeté sur France 5, le 7 novembre 2002.
2. *Le Viol*, Flammarion, 2002, p. 239.

Or toute agression sexuelle n'est pas un viol, comme le montrent bien les distinctions faites par l'Enveff. On ne peut pas mettre sur le même plan un pelotage non désiré et le viol dans un parking par un homme de vingt-trois ans armé d'un couteau. Contrairement à ce qu'on laisse croire[1], le traumatisme dans l'un et l'autre cas n'est pas le même. Pourquoi donc gonfler les statistiques du viol, par nature si difficiles à connaître, sinon pour exploiter plus que nécessaire l'image de la femme victime et de l'homme violent ?

Les statistiques du harcèlement sexuel appellent le même genre de remarques. En annonçant la prochaine loi européenne déjà évoquée sur le harcèlement, le commissaire Anna Diamantopoulou a rappelé que « 40 à 50 % des femmes en Europe ont reçu des avances sexuelles non désirées » et que « 80 % les ont subies dans certains Etats[2] ». Sans parler du « baiser volé » cher à Trénet et à Truffaut, que compte-t-on parmi les « avances

---

1. La réflexion féministe a consisté à sortir la question du viol du strict domaine sexuel pour l'inclure dans l'analyse du système de pouvoir qui le rend possible.
2. *Le Monde*, 19 avril 2002. On notera que Mme Diamantopoulou est encore loin des chiffres avancés par MacKinnon qui affirme que 85 % des Américaines qui travaillent à l'extérieur ont fait au moins une fois dans leur vie l'expérience du harcèlement sexuel.

sexuelles non désirées » ? Un geste déplacé ? Un mot de trop ? Un regard trop insistant ? Mais, comme le remarque fort bien Katie Roiphe, la difficulté avec ces nouvelles règles, c'est que les avances sexuelles non désirées font partie de la nature et même de la culture : « Pour recevoir une attention sexuelle désirée, il faut en donner et en recevoir pas mal de non désirées. En vérité, si on ne permettait à personne de prendre le risque d'offrir une attention sexuelle non sollicitée, nous serions tous des créatures solitaires[1]. »

La conséquence de cette évolution est la généralisation de la victimisation féminine et de la culpabilité masculine. Sans aller jusqu'aux excès d'A. Dworkin ou de C. MacKinnon, la femme prend peu à peu le statut de l'enfant : faible et impuissant. De l'enfant innocent, tel qu'on le concevait avant que Freud le définisse comme un « pervers polymorphe ». De l'enfant opprimé par des adultes contre lesquels il ne peut rien. On en revient aux stéréotypes de jadis — au temps du vieux patriarcat —, quand les femmes, éternelles mineures, en appelaient aux hommes de la famille pour les protéger. A ceci près qu'aujourd'hui il n'y

---

1. *The Morning After, op. cit.*, p. 87. Traduit par nous.

a plus d'hommes pour les protéger. Le « viriarcat » s'est substitué au patriarcat. Tous les hommes sont suspects, et leur violence s'exerce partout. La femme-enfant doit s'en remettre à la justice comme l'enfant qui demande protection à ses parents.

Le plus gênant dans cette approche n'est évidemment pas la dénonciation des violences faites aux femmes, mais la cause assignée à cette violence. Il ne s'agit plus de condamner les obsédés, les méchants et les pervers. Le mal est bien plus profond parce qu'il est général et touche la moitié de l'humanité. C'est le principe même de virilité qui est mis en accusation. MacKinnon et Dworkin peuvent bien affirmer que la *male dominance* est l'effet de notre culture, l'accusation collective « toujours et partout » lui confère un petit air naturel, inné et universel qui fait horreur. Il faut changer l'homme, nous dit-on, c'est-à-dire sa sexualité, parce que c'est elle qui enracine l'oppression des femmes dans le système social.

En France, on se garde d'accuser explicitement la sexualité masculine[1], mais peu à peu un

---

1. Sauf dans certains travaux sur les hommes qui s'adressent à un public universitaire, comme les *Nouvelles Approches des hommes et du masculin*, sous la direction de Daniel Welzer-Lang, Presses universitaires du Mirail, 1998.

consensus s'est opéré chez les universitaires pour désigner les rapports hommes/femmes comme des rapports sociaux de sexe et faire de la « domination masculine[1] » l'*ultima ratio* du malheur des femmes. A l'occasion de la Journée des femmes, le 8 mars 2002, Francine Bavay et Geneviève Fraisse publièrent dans *Le Monde* un article titré « L'insécurité des femmes » qui venait opportunément rappeler tout cela. « La violence est sexuée, disaient-elles, parce que les vols comme les viols appartiennent d'abord aux hommes [...]. La violence est sexuée, expression d'une société qui est, dans le monde entier, structurée par la domination masculine. » Et de citer les « faits bruts qui, du viol à la lapidation, du harcèlement sexuel à la prostitution, de l'insulte au mépris, sont les signes répétés d'un pouvoir de domination ».

Même si l'on s'en défend pour la forme, on a substitué à la condamnation des abus masculins la dénonciation inconditionnelle du sexe masculin. D'un côté Elle, impuissante et opprimée ; de

---

1. Contrairement à ce que l'on croit souvent, les féministes n'ont pas attendu Pierre Bourdieu pour conceptualiser la domination masculine, comme l'ont rappelé avec mordant Nicole-Claude Mathieu et Marie-Victoire Louis dans deux articles publiés dans le même numéro des *Temps modernes*, n° 604, mai-juin-juillet 1999.

l'autre Lui, violent, dominateur et exploiteur. Les voilà l'un et l'autre figés dans leur opposition. Comment jamais sortir de ce piège ?

MALAISE PHILOSOPHIQUE

Le féminisme postbeauvoirien est bigarré, voire contradictoire. Le seul point sur lequel on s'accorde est la critique de l'ancêtre. Elle aurait méconnu la différence des sexes, dénié l'existence de l'identité féminine et prôné un universel abstrait qui n'est en vérité que le masque de l'universel masculin[1]. Ce faisant, elle aurait participé, malgré elle, à la production d'une illusion plus aliénante encore pour les femmes, en les inclinant à s'aligner sur leurs maîtres. Simone de Beauvoir et ses disciples seraient coupables de virilisme, mues par le « désir d'effacer la différence des femmes » et tombées « dans le piège de l'androcentrisme[2] ».

---

1. On n'a pas oublié l'épitaphe haineuse d'Antoinette Fouque au lendemain de la mort de Simone de Beauvoir pour dénoncer « ses positions féministes — universalistes, égalisatrices, assimilatrices, normalisatrices — [...] cette mort, disait-elle, plus qu'un événement est une péripétie sur la scène historique qui va peut-être accélérer l'entrée des femmes dans le XXIᵉ siècle », *Libération*, 15 avril 1986.
2. Sylviane Agacinski, *Politiques des sexes*, 1998, p. 60 et 85.

Pour un peu, on les accuserait de trahison et de misogynie.

Il est vrai que *Le Deuxième Sexe* est passé à côté de la féminité. Vrai aussi que Simone de Beauvoir a obstinément refusé de définir la femme par la maternité. Mais on a un peu vite oublié qu'en remettant le biologique à sa juste place — la seconde — elle a dynamité les barreaux de la prison des femmes. Autrement dit, les stéréotypes sexuels déduits de la toute-puissante nature. A force de soutenir la cause de la liberté contre la nécessité naturelle, elle a contribué aux changements des mentalités et n'est pas totalement étrangère à la reconnaissance du droit à la contraception et à l'avortement. Si chacune s'en félicite, certaines font mine d'ignorer que ce droit révolutionnaire a définitivement sanctionné le primat de la culture sur la nature.

Là est bien le problème théorique du nouveau féminisme. Comment redéfinir la nature féminine sans retomber dans les vieux clichés ? Comment parler de « nature » sans mettre en péril la liberté ? Comment soutenir le dualisme des sexes sans reconstruire la prison des genres ? A ces questions difficiles, les réponses sont multiples et opposées. Même si la majorité refuse haut et fort tout retour à l'essentialisme, le dualisme revendiqué aujourd'hui contraint à des acrobaties intellectuelles qui laissent insatisfait. Un peu de culture et beaucoup de nature, ou le mélange inverse, chacune (ou chacun) suggère un modèle du rapport des sexes dont on s'abstient de tirer toutes les conséquences. L'heure est aux réclamations hétéroclites qu'il faut bien justifier théoriquement après coup. Et tant pis si l'explication philosophique ne convient pas à toutes. Il en a été ainsi pour imposer la parité en politique. Quand il a fallu légitimer l'inscription du dualisme sexuel dans la Constitution, nombre de paritaristes ont fermé les yeux. Un tel progrès valait bien l'oubli de ses principes.

Naturalisme et dualisme oppositionnel

« L'égalité dans la différence » est le mot d'ordre général. C'est possible, nous dit-on, parce que nous le voulons. Françoise Héritier a beau souligner que la différence des sexes s'est, toujours et partout, traduite par une hiérarchie au profit des hommes, que cette grille de lecture est immuable et archaïque puisqu'elle survit même dans les sociétés les plus évoluées[1], elle n'en

---

1. *Le Point*, 1ᵉʳ novembre 2002.

conclut pas moins que ce phénomène universel est culturel et donc peut être modifiable. Après avoir consacré un premier volume à cette « valence différentielle des sexes », qu'elle explique par la volonté des hommes de contrôler la reproduction féminine[1], elle s'est avisée quelques années plus tard qu'elle tenait enfin le levier qui mettrait fin à cette éternelle domination masculine : « Si les femmes ont été mises en tutelle et dépossédées de leur statut de personnes juridiquement autonomes, qui est celui des hommes, pour être confinées dans un statut imposé de reproductrices, c'est en leur rendant leur liberté dans ce domaine qu'elles vont acquérir à la fois dignité et autonomie. Le droit à la contraception, avec ce qu'il implique en amont — consentement, droit de choisir son conjoint, droit au divorce réglé par la loi et non simple répudiation, interdiction de donner en mariage des filles prépubères, etc. —, celui de disposer de son corps constituent le levier essentiel parce qu'il agit au cœur même du lieu où la domination s'est produite[2]. »

---

1. *Masculin/Féminin I, La pensée de la différence*, Odile Jacob, 1996.
2. *Masculin/Féminin II, Dissoudre la hiérarchie*, Odile Jacob, 2002, p. 26.

Le droit à la contraception comme levier de la libération des femmes : comment ne pas s'étonner d'une révélation si tardive ? En 1996, Françoise Héritier mentionne en passant, dans sa conclusion, le progrès que représente la maîtrise de la reproduction, aussitôt relativisé par l'absence de progrès « dans les esprits et les systèmes de représentation[1] ». Faut-il rappeler que le droit à la contraception date de 1967, l'avortement de 1975 et que d'autres démocraties occidentales les ont reconnus bien avant nous ? Or, si depuis plus de trente-cinq ans les femmes en Occident maîtrisent la reproduction, comment peut-on continuer d'affirmer que la domination masculine reste universelle ? N'y a-t-il pas là une confusion entre le phénomène historique de la suprématie masculine, effectivement battue en brèche par la contraception, et notre mode de pensée dit archaïque ? Françoise Héritier a raison d'insister sur notre universelle tendance à penser la différence sous le signe de la hiérarchie et de l'inégalité, mais elle a peut-être tort de la lier à l'appropriation masculine de la fécondité féminine[2]. Cette dernière a disparu

---

1. *Masculin/Féminin I,* p. 299 et 300.
2. *Masculin/Féminin II,* p. 248.

et nous pensons toujours la différence en termes d'inégalité. Cela pourrait signifier qu'il est plus difficile de se débarrasser de cette catégorie mentale que de la suprématie masculine. L'égalité dans la différence est un désir, une utopie, qui impliquerait un considérable progrès de l'humanité, et pas seulement du genre masculin. Comme on peut l'observer, les femmes ne sont pas moins prisonnières de cette catégorie archaïque que les hommes[1]. Même si cela les arrange de n'y voir qu'une défense légitime contre l'*imperium* masculin.

Depuis la fin des années 1980 s'est élevée de toutes parts une immense clameur en faveur du droit à la différence. Ce droit nouveau, réclamé par toutes les minorités, par toutes les communautés et par les individus eux-mêmes, est devenu le nouveau cheval de bataille de nombreuses féministes. A les entendre, les droits de la féminité sont

---

1. Quand F. Héritier affirme qu'avec la maîtrise de la fécondité les femmes changent *ipso facto* les règles sociales (en étant des partenaires à part entière), mais aussi conceptuelles (pouvoir de changer les catégories mentales), elle relativise son propos un peu plus loin : « Sinon au renversement de toutes les hiérarchies catégorielles des notions qui gouvernent nos systèmes de représentation, du moins à un meilleur équilibre ou à une nouvelle répartition qui ferait que le négatif n'est pas toujours associé au pôle féminin, ni le positif au pôle masculin », *op. cit.*, *II*, p. 248 et 251.

menacés. Les femmes virilisées abandonneraient sans le savoir leur identité, leurs libertés et leurs valeurs. Ce ne furent que clameurs contre les « démocraties unisexes et matricides[1] ». On alla même jusqu'à parler de *gynocide*. L'horrible indétermination des sexes et des genres refit surface. Bien qu'on ne courût pas grand risque de voir s'instaurer la confusion des sexes, on redoutait tout à la fois le genre unique, par définition masculin, et la déstabilisation du dualisme des genres. Haro sur l'UN et le MULTIPLE.

Antoinette Fouque s'est vue contrainte de ramener les femmes à la raison en proclamant *Il y a deux sexes*. Sylviane Agacinski, quant à elle, leur rappela que « l'idéal de la réduction de la différence ou, comme cela s'est dit, de la "disparition des genres", en visant à l'uniformisation des individus constituerait un fantasme totalitaire. Rien de pire que le rêve d'une société de semblables libérés des conflits par cette similitude même[2] ».

Reste à redéfinir les belles différences qui nous distinguent des hommes, étant entendu que la spécificité masculine paraît sculptée dans le mar-

1. Antoinette Fouque, *Il y a deux sexes*, 1995, p. 81.
2. *Op. cit.*, p. 38.

bre. L'homme fait mine d'évoluer, mais ne change pas. A chaque avancée féminine, il produit de nouveaux modes de domination[1]. De l'homme des cavernes à celui d'aujourd'hui, la ressemblance demeure. On en revient donc à la bonne mère nature et aux fondamentaux. Antoinette Fouque nous rappelle à notre grandeur (et à notre devoir ?) maternelle, sous-estimée et occultée par l'ennemi de toujours. Il est grand temps de faire reconnaître à sa juste valeur cette dissymétrie et ce privilège des femmes qui les rendent infiniment supérieures à leurs partenaires. C'est la puissance procréatrice qui donne à la femme son humanité, sa générosité et sa supériorité morale. Comme Luce Irigaray bien avant elle, Antoinette Fouque attend le salut du couple mère/fille : « Renouer le lien spécifique de la fille à la mère, c'est essayer de faire sauter la forteresse de l'Un, du monothéisme, du "Il n'y a qu'un Dieu", et de la monodémocratie, [...] faire apparaître la perversion d'un univers qui nous impose le patriarcat [...]. Je pense que cette généalogie féminine de la transmission de pratiques, d'apprentissages, de capacités de la mère à la fille

---

1. François de Singly, « Les habits neufs de la domination masculine », *Esprit*, novembre 1993, p. 54-64.

et à la mère [...] est peut-être porteuse d'autre chose que du modèle ancien [...]. Les femmes ont une capacité d'autre, de contenance active liée à la gestation[1]. »

Ces propos ne dissimulent pas la volonté de reconstruire un dualisme oppositionnel. Bien au contraire : « La grossesse d'une femme, la gestation, est le seul phénomène naturel d'acceptation par le corps, et donc par la psyché, d'un corps étranger. C'est le modèle de toutes les greffes[2]. » Les femmes (mères) sont donc dotées d'une « capacité d'accueil » et de vertus inscrites dans leur corps, ignorées de la majorité des hommes[3]. On se demande s'il faut en rire ou en pleurer. Une telle approche qui fait de la biologie le socle des vertus et des rôles condamne dans un même élan les hommes et les femmes qui ignorent la maternité. Celle des hommes est évidemment sans appel. Mais on lit aussi que Virginia Woolf ne se serait peut-être pas suicidée si elle avait été mère

---

1. *Op. cit.*, p. 156-157.
2. *Ibid.*, p. 157.
3. La gestation, dit aussi A. Fouque, « comme génération, geste, gestion et expérience intérieure, expérience de l'intime, mais aussi générosité, génie de l'espèce, acceptation du corps étranger, hospitalité, ouverture, [...] modèle d'anthropoculture, matrice de l'universalité du genre humain, et origine de l'éthique », *op. cit.*, p. 80.

et que Lou Andreas-Salomé est restée une mystique en s'arrêtant « en deçà de la procréation ». *Quid* des lesbiennes, des femmes stériles ou de toutes celles qui refusent la maternité ? Elles devront en tirer les conclusions qui s'imposent.

La maternité est également, pour Sylviane Agacinski, le point d'ancrage de l'identité féminine, plus encore que l'expérience de la sexualité. « Il y a une sorte de conscience de sexe » qui accompagne l'expérience de la procréation[1]. Mais la philosophe n'en tire pas de conséquences éthiques. Elle s'interroge sur l'interdépendance des deux sexes et les effets d'identité produits par la différence des sexes, notamment dans la génération. A ses yeux, la dépendance mutuelle entre homme et femme est naturelle. Elle admet donc comme relevant de l'évidence que « l'humanité est *naturellement* hétérosexuelle », que les êtres humains « sont généralement animés du désir de l'autre et dépendants de cet autre pour procréer [...]. L'intérêt exclusif pour le même sexe est accidentel, c'est même une sorte d'exception — même nombreuse — qui confirme la règle[2] ». Elle

---

1. *Op. cit.*, p. 105.
2. *Ibid.*, p. 108. Souligné dans le texte.

conclut qu'on ne peut plus penser la différence des sexes « lorsqu'ils cessent de dépendre l'un de l'autre, lorsqu'ils se séparent et que, au lieu du désir de l'autre sexe, on rencontre le désir du même qu'on appelle aujourd'hui homosexualité ». Logique avec elle-même, elle refuse « d'abandonner le modèle du couple parental mixte [hétérosexuel], car la filiation doit rester étayée sur la double origine naturelle[1] ».

Le dualisme homme/femme se double ici d'un dualisme homo/hétéro. Même si l'on peut légitimement douter de l'ancrage naturel de ce dernier — Freud nous a appris que l'hétérosexualité n'est pas moins problématique que l'homosexualité —, le recours à la biologie et à l'anatomie pour résoudre à la fois la question philosophique de l'identité et celle, politique, du rapport des sexes signe le retour en force du naturalisme. S'il ne fait pas l'unité parmi les théoriciennes du féminisme, il présente l'incomparable avantage de la simplicité et de l'évidence. Le fameux « bon sens » cher à l'opinion retrouve ses droits après des décennies de remises en question et de déconstructions.

---

1. *Ibid.*, p. 135.

Le concept de domination masculine

Depuis trente ans, la domination masculine fait l'objet d'une traque incessante. On l'observe partout : dans les institutions, la vie quotidienne privée ou professionnelle, les relations sexuelles et l'inconscient. L'androcentrisme est partout, d'autant plus redoutable qu'il avance masqué. Comme certains virus, il est multiforme. Dès que l'on croit en avoir terminé, il se reproduit de façon différente. Les hommes n'auraient jamais abandonné les privilèges matériels et sexuels que procure la domination sur les femmes.

Des travaux pionniers de Nicole-Claude Mathieu[1], Colette Guillaumin[2] et Christine Delphy[3] aux plus récentes études sur les hommes[4], les sociologues et les anthropologues qui se consacrent aux rapports des sexes s'accordent pour affirmer

1. « Notes pour une définition sociologique des catégories de sexe », 1971, réédité dans *L'Anatomie politique, catégorisations et idéologies du sexe*, 1991.
2. « Pratiques de pouvoir et idées de nature, l'appropriation des femmes », *Questions féministes*, n° 2, 1978. Texte republié dans le livre *Sexe, race et pratique du pouvoir*, Côté femmes, 1992.
3. « L'ennemi principal », *Partisans*, n° 54-55, juillet-août 1970.
4. Voir les travaux de D. Welzer-Lang, proches des *men's studies* anglo-saxonnes.

plus ou moins haut que « le masculin est le genre hégémonique et prévalent[1] ». Selon Daniel Welzer-Lang, l'existence de la domination masculine est devenue aujourd'hui une évidence : un consensus s'est dégagé « pour désigner les rapports hommes/femmes comme des rapports sociaux de sexe [...] l'ensemble du social est divisé selon la même symbolique qui attribue aux hommes et au masculin les fonctions nobles et aux femmes et au féminin les tâches et fonctions d'une valeur moindre. Cette division du monde, cette cosmogonie basée sur le genre, est maintenue en état et régulée par les violences : violences multiples et variées, qui des violences masculines domestiques aux viols de guerre, en passant par les violences au travail, tendent à préserver les pouvoirs que s'attribuent collectivement et individuellement les hommes aux dépens des femmes[2] ».

Il faut donc lutter contre la domination masculine comme on combat le racisme et le fascisme.

Plusieurs questions se posent : si la domination masculine et la violence qui la fonde sont

---

1. D. Welzer-Lang, *Nouvelles Approches des hommes et du masculin*, 1998, p. 11.
2. *Ibid.*, p. 111-113.

aussi universelles qu'on le dit, d'où viendra le salut ? Des hommes qui se disent féministes ? Que proposent-ils à leurs pairs pour mettre fin à leur condition d'exploiteurs ? Une prise de conscience collective suivie d'une autocritique ? Mais cela peut-il produire un renversement des mentalités, des comportements et surtout des institutions ? La difficulté vient de la formulation du mal. Certes, on se garde bien d'en appeler à la *nature* masculine qui interdirait tout espoir de changement et n'offrirait d'autre solution que l'inconcevable séparatisme, mais l'universalité des propos fige et « essentialise » cette masculinité traditionnelle. Le recteur de la mosquée de Bordeaux, que l'on dit libéral, en conclut que « la dominance masculine est un fait, un "invariant transculturel" ». Il l'explique par « une différence irréductible, le fameux chromosome Y[1] ». Si l'on récuse le chromosome Y, d'où vient cette masculinité enkystée dans la domination ? Pour les uns, elle tire son origine de l'éternelle jalousie de l'homme à l'égard du pouvoir reproducteur de la femme ; pour les autres, elle a partie liée avec sa sexualité. Bander est le symbole de sa puissance et le pénis est une arme,

---

1. Portrait de Tareq Oubrov, *Libération*, 20 août 2002.

disent les radicales américaines, dont l'homme se sert pour posséder et rabaisser la femme. Pour d'autres enfin, la masculinité est source d'avantages sociaux. Assimilés aux capitalistes comme les femmes aux prolétaires, on note que les hommes ne cèdent de leur pouvoir que sur des points mineurs pour mieux conserver l'essentiel. Selon le sociologue François de Singly, « on peut affirmer que la domination masculine s'est accentuée sous le couvert de la "neutralisation". La défaite des hommes machos est une réalité trompeuse. On pourrait dire que la classe des hommes a laissé à l'abandon un territoire pour mieux résister à l'offensive de la classe des femmes. Ils ont perdu ce qui semble à toutes et à tous comme le territoire masculin par excellence et ils ont conservé les autres territoires où ils exercent leur suprématie ». Et Singly de citer « les techniques d'affirmation de soi, "neutres", comme la science, l'informatique, la politique[1] ».

---

1. « Les habits neufs de la domination masculine », *op. cit.*, p. 60. Françoise Héritier partage ce point de vue : « J'ai fait allusion à tous les bastions des *domaines réservés masculins* qui sont progressivement tombés, même si c'est de façon symbolique... Il s'en reconstruit d'autres déjà. Il s'en reconstruira de nouveaux, sans doute, d'un type que nous ne pouvons encore soupçonner », *Masculin/Féminin I, La pensée de la différence, op. cit.*, p. 301.

A lire ces propos, le découragement gagne. La domination masculine ne serait pas seulement « transculturelle », mais éternelle. Pourtant, certains refusent de baisser les bras. Sans aller jusqu'à la solution prônée par l'activiste féministe John Stoltenberg, qui appelle à la fin de la masculinité en « refusant d'être un homme[1] », d'autres mettent leurs espoirs dans la pédagogie et la psychanalyse. Terry Kupers, psychiatre et militant au NOMAS (National Organization for Men Against Sexism), suggère de « redéfinir le pouvoir d'une façon qui permette aux hommes de se sentir puissants sans pour autant être sexistes[2] ». Pour sa part, Daniel Welzer-Lang préfère la solution préconisée par Michael Kimmel, porte-parole du NOMAS : « Que les hommes apprennent l'impuissance[3]. »

Reste un double sentiment de malaise. Tant à l'égard du diagnostic que des remèdes proposés. Quoi qu'en disent les plus pessimistes, la condition des femmes occidentales a considérablement changé, et leurs comportements aussi. Les

---

1. *Refusing to Be a Man*, 1990.
2. Cité par D. Welzer-Lang, *op. cit.*, p. 25.
3. *Ibid.* Voir aussi l'article de M. Kimmel, éditeur de la revue *Men and Masculinities*, une des grandes figures des *men's studies* aux Etats-Unis, « Qui a peur des hommes qui font du féminisme ? », p. 237-253.

hommes seraient-ils la seule partie de l'humanité incapable d'évoluer ? L'entité masculine serait-elle immuable ? Malaise devant la généralisation en deux blocs opposés : la classe des femmes, la classe des hommes. N'est-ce pas retomber dans le piège de l'essentialisme, contre lequel les féministes ont tant lutté pour elles-mêmes. Il n'y a pas une masculinité universelle, mais de multiples masculinités, comme il existe de multiples féminités. Les catégories binaires sont dangereuses parce qu'elles effacent la complexité du réel au profit de schémas simplistes et contraignants. Malaise aussi à l'égard de la condamnation « en bloc » d'un sexe qui ressemble à du sexisme. Malaise enfin quant à la volonté « rééducative » à l'égard des hommes qui rappelle de fâcheux souvenirs. Le mot d'ordre implicite ou explicite, « changer l'homme » plutôt que « lutter contre les abus de certains hommes », relève d'une utopie totalitaire. La démocratie sexuelle, toujours imparfaite, se gagne à petits pas.

Au bout du compte, on peut se demander si la notion simplificatrice et unificatrice de « domination masculine » n'est pas un concept obstacle. Autre nom d'une altérité radicale, il servirait à éviter de penser la complexité, l'historicité et l'évolution du rapport des sexes. Ce concept « attrape-tout », en enfermant hommes et femmes dans deux camps opposés, ferme la porte à tout espoir de comprendre leur influence réciproque et de mesurer leur commune appartenance à l'humanité.

Le manichéisme

Le dualisme oppositionnel sécrète une nouvelle hiérarchie des sexes dont on prétend pourtant se débarrasser. A la hiérarchie de pouvoir que l'on combat, on oppose une hiérarchie morale. Le sexe dominateur est identifié au mal, le sexe opprimé au bien. Cette substitution s'est trouvée renforcée par le nouveau statut accordé à la victime, et en premier lieu à la victime enfantine.

Dans les années 1990, et notamment après l'affaire Dutroux (en 1997), la pédophilie est enfin perçue comme un crime trop longtemps occulté. On appelle chacun à ne plus fermer les yeux et à ne plus se faire complice d'une telle infamie. Du coup, à lire la presse de l'époque, l'impression domine que les crimes pédophiles se multiplient. Pas une semaine où l'on ne soit saisi de l'interpellation d'un instituteur, d'un éducateur ou d'un prêtre. Une sorte de psychose s'installe contre tous ceux qui exercent une profession en contact avec les jeunes enfants. C'est alors que Ségolène Royal, ministre déléguée à l'Enseignement scolaire, publie le 26 août 1997 une circulaire. Elle rappelle aux enseignants une obligation déjà stipulée dans le Code pénal : « Dès qu'un élève a confié à un membre de l'Education nationale des faits dont il affirme avoir été victime, il appartient à ce fonctionnaire d'aviser *immédiatement* et *directement* le procureur de la République[1]. » Au journal télévisé de 20 heures, la ministre viendra elle-même faire l'explication de texte. L'opinion publique comprend que la dénonciation par le fonctionnaire est un devoir car la parole de l'enfant est sacrée. Ségolène Royal, lors d'une émission télévisée, proclame à plusieurs reprises : « L'enfant dit le vrai[2]. » Certains pédopsychiatres se répandent dans la presse pour dire la même chose et une association de défense de l'enfance maltraitée réclame même que soit inscrite dans notre droit « une présomption de crédibilité pour l'enfant[3] ». Au-delà de la réactivation du dicton : « la vérité sort de la bouche des enfants », une évi-

---

1. Souligné par nous.
2. Emission *Mots croisés*, France 2, 21 janvier 2001. Voir le livre fort éclairant du psychiatre Paul Bensoussan, expert auprès de la cour d'appel de Versailles, et de l'avocate Florence Rault, *La Dictature de l'émotion*, 2002, p. 234-238.
3. Cité par *Le Point*, 21 juin 2002.

dence plus générale s'impose aux esprits : *la victime a toujours raison.* Comme le souligne Paul Bensoussan : « Le courant dominant impose de croire que la victime dit forcément vrai parce qu'elle est victime[1]. »

De l'enfant à la femme, il n'y a qu'un pas. Tous deux sont les victimes innocentes et impuissantes de l'homme agresseur et dominateur. Insensiblement se surajoute à l'idée que la victime a toujours raison celle qu'elle incarne le bien menacé par la puissance du mal. Cette vision manichéenne engendre deux sortes de conséquences qui empruntent l'une et l'autre au différentialisme.

La première, radicale, est l'appel au séparatisme. Analysant fort bien les textes du nationalisme féminin, « dimension constante des mouvements féministes[2] », Liliane Kandel met en lumière la double implication ontologique et morale de ce courant. Le thème du *nationalisme féminin,* tel qu'il fut critiqué par Ti-Grace Atkinson au début des années 1980, suppose « la qualité unique de l'esprit, des facultés et des émotions des femmes qui les constitue en une entité radicalement

---

1. *Ibid.*
2. « Les femmes sont-elles un peuple ? », *Femmes, Nations et Europe,* sous la direction de M.-Cl. Hoock-Demarle, 1995, p. 40-59.

distincte et inassimilable à l'ensemble des hommes ». Dans un texte de 1989, Luce Irigaray explicite l'opposition entre hommes et femmes, et l'idéalisation de ces dernières. « Le peuple des hommes fait la guerre partout. Il est traditionnellement carnivore, parfois cannibale. Donc il faut tuer pour manger, asservir de plus en plus la nature[1]. » Le peuple des femmes, mues par leur vertu maternelle, est à l'inverse. Ce féminisme fait cause commune avec l'écologie et la philosophie végétarienne. D'où des recommandations d'ordre politique : « Les femmes auront un droit civil à défendre leur vie et celle de *leurs* enfants ; *leurs* lieux d'habitation, *leurs* traditions, leur religion, contre toute décision unilatérale du droit masculin [...]. Les médias, comme la télévision, leur seront adaptés par moitié. » Un peu plus loin, elle conclut : « Elles représentent la moitié des citoyens du monde. Elles doivent obtenir l'identité civile avec les droits correspondant à cette identité[2]. » Autrement dit, un système juridique fondé sur « des droits particuliers, spécifiques au groupe des femmes ». Comme le dit L. Kandel, derrière la

---

1. L. Irigaray, *Le Temps de la différence*, p. 23, cité par L. Kandel, *op. cit.*, p. 51.
2. *Ibid.*

revendication du droit à la différence se profile celle d'une différence des droits.

Un autre courant du nationalisme féminin, qui apparaît dès le texte inaugural du MLF de 1970, exprime un second aspect du manichéisme sexuel. En affirmant : « Nous sommes le peuple » (ce qui signifie le vrai peuple, celui des prolétaires), « les femmes constituées en groupe subversif par excellence, quasi messianique [sont] investies des missions autrefois dévolues au peuple en armes, ou au prolétariat : la Révolution, l'éradication de toutes les oppressions, l'avènement d'une humanité nouvelle[1] ».

On aurait tort de voir là un vieux reliquat démodé de 1968. Si la terminologie est marquée par le temps, la pensée véhiculée est loin d'être morte. Si l'on pense, comme certaines, qu'il n'y a rien à attendre des hommes englués dans leur culture de domination, le salut ne peut venir que des femmes, leurs victimes au naturel bienfaisant et pacifique.

Plus récemment, on a pu voir un autre exemple de ce manichéisme se manifester en France. A l'occasion du débat sur la parité en politique, qui

---

1. *Ibid.*, p. 42. « Combat pour la libération de la femme », *L'Idiot international.*

s'étira de 1992 à 1999, un certain nombre de thèmes que l'on croyait éculés furent remis à l'honneur. Au départ, la parité fut présentée comme un moyen presque technique de remédier au nombre ridicule de femmes élues dans les assemblées[1]. La solution proposée, la moitié des sièges pour la moitié du ciel, avait l'avantage de la simplicité et d'une certaine évidence statistique. Il n'était pas question de différentialisme ou de nature féminine.

Ce sont les femmes politiques, tous horizons confondus, qui, les premières, mangèrent le morceau avant même qu'on parle de parité. Dès 1984-1985, Mariette Sineau avait enquêté auprès d'une quarantaine d'entre elles, et la plupart insistaient sur leur « sens de l'humain » : « Une plus grande écoute et attention aux autres, une présence plus assidue sur le terrain […] sont d'ores et déjà prêtées aux femmes aujourd'hui présentes sur la scène politique[2]. » Après 1992, d'autres femmes politiques célèbres justifièrent la parité par le rappel de leurs qualités spécifiques. Selon Simone Veil, « moins

---

1. L'idée de parité fit son apparition en France dans le livre de Françoise Gaspard, Anne Le Gall et Claude Servan-Schreiber, *Au pouvoir citoyennes ! Liberté, égalité, parité*, 1992.
2. Cité par J. Mossuz-Lavau, *Femmes/Hommes pour la parité*, 1998, p. 78.

soucieuses de leurs ambitions personnelles, les femmes veulent agir, parvenir à des résultats concrets. Quitte à prendre des risques, à user de moins de forme [...] elles foncent avec détermination et courage pour faire aboutir les dossiers[1] ». Sous-entendu, les hommes ne pensent qu'à leur ambition personnelle, se fichent des résultats et manquent de courage. Même son de cloche chez Martine Aubry qui trouve que les femmes ont plus les pieds sur terre « parce qu'elles sont intéressées par l'action plutôt que par le pouvoir ». Elles peuvent donc apporter « une autre façon de faire de la politique, plus concrète, plus proche des gens[2] ». C'est aussi l'opinion d'Elisabeth Guigou, qui énumère longuement les vertus des militantes, « courageuses, tenaces, dévouées », et celles des femmes qui exercent le pouvoir, lesquelles font passer leurs idées avant leur ambition ; « toutes un peu rebelles », elles savent prendre leurs distances avec le pouvoir[3], l'apparat et le décorum. Bref, elles sont infiniment plus sympathiques que leurs collègues masculins. Mais Elisabeth Guigou fit un pas de

---

1. *Ibid.*, p. 78-79.
2. *Ibid.*, p. 79.
3. *Etre femme en politique*, 1997, p. 28, 153, 166.

plus en utilisant les arguments du féminisme différentialiste, et en particulier ceux d'Antoinette Fouque. Convaincue par cette dernière de la différence irréductible entre les sexes, liée à la procréation, elle conclut : « Il faut reconnaître qu'il y a deux sexes [...] porteurs de fécondité et d'espérance. C'est un premier pas vers la différenciation symbolique : deux sexes, deux façons de voir le monde[1] », et donc de faire de la politique.

Certes, le manichéisme qui se dégage des arguments de certaines paritaires n'a jamais pris l'aspect provocant du séparatisme. Mais, à force de répéter que les femmes sont moins guerrières, moins vaniteuses, plus concrètes, plus préoccupées des autres, plus dévouées au combat pour la vie et la liberté, on trace en creux un portrait des hommes caricatural. Subrepticement, l'idéal maternel a refait son apparition pour justifier à la fois la supériorité morale des femmes sur les hommes et leurs prérogatives. Et cela, sans susciter d'opposition chez d'autres paritaires pourtant opposées à cet argumentaire.

Tous ces discours tenus depuis plusieurs années ont donné naissance à ce qu'on pourrait

---

1. *Ibid.*, p. 235.

appeler une « bien-pensance » féminine. La femme incarne à la fois la victime d'une société masculine et le courageux petit soldat qui répare les dégâts causés par les hommes. Dans un article intitulé « Courage, les ravaudeuses ! », Christine Clerc en donne une parfaite illustration : « Les hommes, en écrasante majorité au gouvernement ainsi qu'au Parlement, rédigent des textes portant leur nom et violent [sic] des lois, énormément de lois [...]. Les femmes, elles, n'animent pas seulement des milliers d'associations pour s'occuper des personnes âgées, des malades, des exclus, des victimes de violence, des adolescents, des réfugiés. » Les élues font du social : « Elles veillent à tout et sur tous [...]. Et cela en prenant souvent de grands risques. » Et de saluer pêle-mêle le courage de J. Fraysse, maire de Nanterre, le courage quotidien d'élues d'Agen, de Strasbourg, de Beauvais et d'Amiens. Sans compter Paris, où une femme, Anne Hidalgo, est montée en première ligne dès que le maire, Bertrand Delanoë, victime d'un coup de couteau, est tombé. Chapeau, les conquérantes. Merci, les ravaudeuses[1].

Courage, sens du sacrifice, dévouement, telles sont les vertus de la bonne mère qui ignore par

---

1. *Madame Figaro*, 16 novembre 2002.

définition les vices et pulsions du mauvais père. Pourtant, à y regarder de plus près, on constate une réalité plus bigarrée et complexe que ne le prétend le dualisme oppositionnel. En 2000, les statistiques officielles annonçaient le chiffre de 83 800 enfants en danger[1]. Le 8 décembre 2002, le ministre en charge des personnes âgées faisait état de 800 000 d'entre elles maltraitées. Les enfants et les vieux ne sont-ils laissés qu'aux soins des hommes ?

L'amalgame n'est pas un bon outil de connaissance. Et la condamnation collective d'un sexe est une injustice qui relève du sexisme. A faire de la violence le triste privilège des hommes, à confondre normal et pathologique, on aboutit à un diagnostic biaisé, peu propice à la bonne ordonnance.

---

1. Statistiques pour l'année 2000, ODAS.

CHAPITRE II

OMISSIONS

Tout militantisme se heurte à une difficulté :
prendre en compte la diversité de la réalité.

Les récents rapports français et européens sur
les violences domestiques envers les femmes font
état de chiffres alarmants associés à des comparaisons saisissantes. Selon la dernière publication du
Conseil de l'Europe[1], une femme sur cinq en
Europe est victime de violence ; elle est la plupart
du temps agressée par un membre de sa famille.
La violence domestique serait la principale cause
de décès et d'invalidité « avant le cancer, les acci-

---

1. *Violence domestique envers les femmes*, texte du 27 septembre 2002.
Voir *Le Figaro*, 31 décembre 2002, et le courrier de la Marche des
femmes.

dents de la route et même la guerre ». En France, six femmes meurent chaque mois des suites de violences conjugales. En Espagne, une femme est tuée presque chaque semaine par son mari ou son compagnon. « Le terrorisme conjugal y a fait l'an dernier trois fois plus de victimes que les attentats de l'ETA. » On évoque le chiffre de 1 350 000 Françaises victimes de violences conjugales en 2001, soit 10 % des femmes[1], et deux millions d'Espagnoles, soit 11 % de la population féminine. On parle de meurtres, de femmes battues et de maris violents, sans plus de précisions. Or on a vu, du moins dans l'étude française, que le concept de violence englobe à la fois des agressions physiques et des pressions psychologiques qui constituent la part prépondérante des violences conjugales. Au dire des psychologues, les violences psychologiques et verbales répétées seraient aussi destructrices que les agressions physiques.

A lire ces statistiques, on pense à une nouvelle épidémie de violence masculine. Il n'y aurait guère de différence entre l'Europe et les continents les plus défavorisés. Dès lors, le découragement s'empare du lecteur pressé ou convaincu d'avance

---

1. Enquête de l'Enveff.

de la méchanceté naturelle du mâle. Pourtant, plusieurs questions se posent. Alors que chaque pays européen admet le divorce, pourquoi tant de femmes, objets de seules pressions psychologiques[1], n'y ont-elles pas recours ? Pourquoi ne font-elles pas tout simplement leurs valises ? La réponse la plus évidente est le manque de moyens matériels, l'impossibilité financière pour celles qui sont mères de subvenir à leurs besoins et à ceux de leurs enfants. Pourtant, le rapport du Conseil de l'Europe nous apprend que « la pauvreté et le manque d'instruction ne sont pas des facteurs significatifs ; l'incidence de la violence domestique semble même s'élever avec les revenus et le niveau d'instruction ». Une étude néerlandaise, citée par l'auteur du texte européen, révèle que presque tous les auteurs d'actes de violence à l'égard des femmes sont nantis d'un diplôme universitaire. Cela ne signifie pas que les victimes le soient aussi, mais on reste cependant étonné de la passivité de celles (et ceux) qui pourraient échapper à leur bourreau et ne le font pas[2].

---

1. On comprend que, pour celles qui sont objets de violences physiques ou d'un véritable enfermement, il puisse être impossible de partir.
2. Selon l'enquête de l'Enveff, parmi les femmes se déclarant victimes, 10 % sont cadres supérieures, 9 % employées, 8,7 % ouvrières. Les chômeuses sont 13,7 % et les étudiantes 12,4 %.

Paradoxalement, c'est chez les hommes battus que l'on trouvera — un peu plus loin — la réponse.

Par ailleurs, quand on lit que 50 000 Françaises sont violées annuellement, que 41 000 Espagnoles ont déposé plainte en 2001 contre des maris violents, qu'en Grèce un homme, entre vingt-cinq et trente-cinq ans, sur quatre a battu sa compagne au moins une fois, la question se pose de la qualification de ces hommes violents. Des psychopathes ? Des sadiques ? Des salauds ? Ou faut-il penser, au contraire, que la violence est inhérente à la masculinité qui se définit toujours par le désir de domination ? En d'autres termes, la violence masculine est-elle une pathologie ou le dérapage d'une pulsion propre aux hommes ?

L'IMPENSABLE

Les statistiques judiciaires montrent que les pourcentages de violences masculines et féminines sont assez stables. Quatre-vingt-six pour cent des condamnés pour homicide volontaire et pour coups et violences sont des hommes[1]. La dissymétrie est

---

1. *Etudes et statistiques. Justice*, n° 19. Données 2000 provisoires.

telle entre hommes et femmes qu'à part les psychologues et les psychanalystes, rares sont ceux qui s'intéressent à la violence féminine. Côté féministe, le sujet est tabou. Reste impensable et impensé tout ce qui diminue la portée du concept de domination masculine et de l'image des femmes victimes. Lorsqu'on en parle, c'est toujours de la même façon : tout d'abord, la violence féminine est insignifiante ; ensuite, c'est toujours une réponse à la violence masculine ; enfin, cette violence est légitime. Ainsi, selon Sylviane Agacinski, « les femmes violentes sont toujours des révoltées, des résistantes, des révolutionnaires, parfois aussi des terroristes : leur violence est en général une contre-violence. En dehors de ces contextes, des criminologues ont remarqué qu'un homme qui tue une femme — souvent sa femme — va jusqu'au bout d'un mouvement d'appropriation de l'autre, y compris s'il l'aime ; tandis que la femme qui tue va, dans la plupart des cas, jusqu'au bout d'un processus de libération[1] ».

Même explication chez Françoise Héritier[2] ou chez le sociologue militant Daniel Welzer-Lang

---

1. *Op. cit.*, p. 152.
2. *Masculin/Féminin II*, p. 305.

qui avoue sa « colère devant l'argumentation de ceux qui symétrisent oppression des femmes et vécu des hommes, violences subies par les femmes et les quelques femmes violentes, souvent par vengeance ou désespoir, contre leurs conjoints[1] ». Plus révélateur encore est l'ouvrage collectif, intitulé *De la violence des femmes*[2] et publié sous la direction de Cécile Dauphin et Arlette Farge. L'introduction signale bien que le sujet est douloureux aux féministes et que « s'occuper de cette réalité peut sembler pour certaines injustifiable parce qu'elle entache "la cause des femmes" ainsi que la nécessaire dénonciation de la violence sur les femmes ». Toutefois, sur les dix articles rédigés par des historiennes et universitaires féministes de qualité, aucun à proprement parler ne traite du sujet en soi et pour soi[3]. Certains n'en parlent même pas du tout. Il n'est question que de rappeler la violence masculine, dont découlerait la violence des femmes. Ainsi, l'article que Dominique

---

1. *Nouvelles Approches des hommes, op. cit.*, p. 23.
2. 1997, édition de poche, 1999.
3. Marie-Elisabeth Handman évoque la violence maternelle dans sa contribution : « L'enfer et le paradis ? Violence et tyrannie douce en Grèce contemporaine. » Elle la relie justement à la violence de la société.

Godineau a consacré aux « citoyennes, boutefeux et furies de guillotine[1] » signale bien le silence gêné de la tradition prorévolutionnaire sur le sujet et l'impression très forte de violence féminine à la lecture des archives, mais elle-même s'emploie à en diminuer la portée. D'abord, elle fait observer que les archives — celles de la répression — sont écrites par des policiers, des hommes. On peut donc supposer que leur perception compte « une part d'exagération ou de déformation ». Ensuite, la violence des femmes fut avant tout verbale. Elles ont excité les hommes pour les amener à la révolte. « Les cris de fureur », « les vociférations atroces » dont on les accuse en 1795 ne sont-ils pas également « une violence langagière faite aux femmes » ? Quant à leur comportement devant la guillotine, « ce n'est que l'expression de la joie barbare et de l'émotion excessive » devant le symbole de la toute-puissance du peuple contre ses ennemis. « Or, pour les femmes exclues de la violence légale (garde nationale, tribunal révolutionnaire, etc.), être présentes lors d'une exécution est un des seuls moyens disponibles pour s'assurer de

---

1. P. 35-53.

la puissance populaire, et même y participer symboliquement. »

Dominique Godineau a fait une lecture politique de la violence des femmes sous la Révolution. Elle a voulu lutter contre l'image d'une férocité particulière à celles-ci. A la fin de son article, elle semble prise d'un regret : « Je ne voudrais pas pour autant gommer toute aspérité et présenter une image trop édulcorée, trop policée. Les femmes révolutionnaires ont bien été violentes. Elles ont crié. Ont promis la mort à leurs ennemis, l'ont parfois donnée, sont allées la voir. Ont fait peur. Comme les autres. » C'est ce *comme les autres* qui est le plus intéressant et dont on ne saura rien.

En vérité, la violence féminine est difficile à penser, non seulement pour des raisons militantes — la violence n'a peut-être pas de sexe —, mais parce qu'elle met en péril l'image que les femmes se font d'elles-mêmes. Lorsque la philosophe Monique Canto-Sperber s'étonne qu'une femme palestinienne ait pu être kamikaze, elle envisage quatre raisons possibles à son trouble : « Est-ce parce que l'horreur d'une mort où l'on se fait exploser est encore plus insupportable lorsqu'un corps de femme en est la victime ? Est-ce parce que [cela] suppose une violence indifférenciée à l'égard des autres et de soi-même que j'imagine mal chez une femme ? Est-ce parce que j'imagine qu'il peut y avoir plus de compassion chez une femme que chez un homme, pour les souffrances concrètes de ses victimes ? Ou est-ce parce que je crois les femmes plus réalistes, moins sujettes au fanatisme, à l'ivresse des causes[1] ? »

Trois des hypothèses évoquées reposent sur la conviction d'une différence essentielle entre hommes et femmes. Naturellement ou culturellement, celles-ci seraient étrangères à la violence de ceux-là. C'est ce postulat qui domine la plupart des travaux contemporains sur la violence. Au nom de l'asymétrie statistique, la question de la violence et de l'abus de pouvoir féminin ne saurait être posée. C'est pourtant ce sujet-là que nous devons aborder à présent.

LA VIOLENCE DES FEMMES

Dans l'Histoire ou au quotidien, la violence féminine est difficile à débusquer. Non qu'elle n'existe pas : la presse mentionne régulièrement

---

1. *Libération*, 2 février 2002.

des actes de violence commis par des femmes. Simplement, elle a longtemps été ignorée ou minorée. Ce fut le cas par exemple de la participation féminine à deux des génocides[1] les plus atroces du XXe siècle, ceux qui eurent lieu en Allemagne nazie et au Rwanda. C'est également le cas des actrices de faits divers violents qui suscitent l'étonnement plutôt que la réflexion.

La violence historique

C'est à l'occasion d'un remarquable ouvrage collectif en hommage à Rita Thalmann[2] que nous avons découvert la question de la participation des femmes à la mise en œuvre du génocide. Dans son article introductif, intitulé « Femmes, féminismes, nazisme, ou : On ne naît pas innocent(e), on le devient », Liliane Kandel fait observer que, durant près de quarante ans, les féministes et historiens allemands ne se sont guère intéressés directement à ce sujet. Elle souligne « l'indéniable difficulté à aborder ces questions parmi les historiennes, chercheuses ou militantes féministes [...]. Ou, plus

---

1. Nous ignorons à ce jour le rôle des femmes dans le génocide cambodgien.
2. *Féminismes et Nazisme*, sous la direction de Liliane Kandel, 1997.

exactement, à les aborder *à ce titre-là*[1] ». Pourtant, une vingtaine d'entre elles, des Françaises et des Allemandes, ont eu le courage de poser les questions dérangeantes du « degré d'adhésion et des modalités de participation active ou passive, ouverte ou occulte, ponctuelle ou prolongée[2] », des complices du régime au lieu de s'en tenir à l'action des seules résistantes ou aux victimes féminines du nazisme. Bref, d'entrer dans les « zones grises » du féminisme.

On y trouve la remise en cause de l'idée dominante « de la non-implication, de la non-compromission des femmes dans l'entreprise nazie » ; comment les féministes aryennes firent voler en éclats leur « sororité » avec leurs amies et militantes juives ; les modalités de participation, effective et consciente, des femmes aux divers aspects du système d'expropriation, de spoliation et de délation des juifs en Allemagne ; enfin, le cas de femmes directement ou explicitement engagées dans le système idéologique et matériel de la persécution : les femmes dans la SS, les intellectuelles et universitaires, telle la biologiste Agnes Bluhm,

---

1. P. 13.
2. *Ibid.*

91

qui soutint sans hésitation le régime hitlérien. Autrement dit, « les exécuteurs zélés d'Hitler[1] » qui comptent aussi un grand nombre de femmes. Bref, ce livre met fin au mythe de l'innocence féminine ainsi résumé par Claudia Koonz : « Les hommes étaient nazis, et les femmes innocentes. »

Nicole Gabriel, qui a travaillé sur les dénonciatrices à partir du livre d'Helen Schuber intitulé *Judasfrauen*[2], en propose une typologie intéressante[3]. Elle distingue celles qui ont dénoncé « par civisme », par loyauté à l'égard du régime, celles qui ont agi « pour faire de l'ordre », pour régler à leur avantage des conflits privés, et enfin celles qui l'ont fait par passion et pulsions, parce qu'elles recherchaient une jouissance d'ordre libidinal dans le fait de nuire à autrui. Cette dernière catégorie doit retenir notre attention parce qu'elle met en lumière une motivation que l'on veut croire étrangère aux femmes, à savoir le sadisme. En suspendant un certain nombre d'interdits, notamment concernant la violence physique, le national-socialisme a servi d'« exutoire à un potentiel

---

1. *Ibid.*, p. 14-15.
2. 1990.
3. « Les bouches de pierre et l'oreille du tyran ; des femmes et de la délation », p. 42-54.

d'agressivité existant. L'agressivité pouvait s'exprimer par un sentiment de jouissance éprouvé au spectacle de la violence ou bien en participation effective[1] », dans la rue, par exemple, en brisant des vitrines ou en frappant des gens. Rappelant que la dénonciation est l'arme des faibles des deux sexes, permettant « de tuer par le verbe », en toute impunité, Nicole Gabriel évoquera à juste titre une libération de pulsions sadiques.

Dans une étude sur les femmes SS[2], Gudrun Schwarz s'est demandé quelle part elles avaient prise au processus de persécution et d'extermination, selon qu'elles étaient épouses, filles et sœurs de SS, membres du corps féminin de la SS ou surveillantes de camp. C'est dans les archives de Koblenz qu'elle a trouvé trace de ces dernières. Leur nombre était de 3 817 en 1945, soit 10 % de l'effectif total. Ces surveillantes s'acquittaient de leur service dans les camps de concentration pour femmes ainsi que dans les camps d'extermination, tels Auschwitz-Birkenau et Lublin-Maidanek.

---

1. N. Gabriel fait observer que, « si la participation effective était alors réservée aux hommes, elle ne l'est plus aujourd'hui où l'on voit toujours plus d'actes de violence commis par des jeunes filles dans les groupes d'extrême droite en Allemagne », p. 51.
2. « Les Femmes SS, 1939-1945 », *ibid.*, p. 86-95.

Chaque camp était dirigé par un homme SS, mais les surveillantes exerçaient une autorité directe sur les détenues. Responsables des brimades quotidiennes et des tourments des femmes emprisonnées, elles avaient le droit de porter une arme à feu durant leur service et incarnaient la force. Elles ont participé aux opérations de sélection, comme elles l'ont elles-mêmes reconnu lors de leur procès. A Auschwitz ou Maidanek, toutes ces femmes redoutées pour leur brutalité et leur zèle « ont servi directement un système d'oppression et de mort [...] et œuvré à la marche sans faille du système d'extermination ». Une survivante du camp de concentration de Gross-Rosen appelée à déposer comme témoin déclara : « C'étaient les civiles allemandes qui nous battaient. Les surveillantes SS n'avaient rien contre. Elles nous battaient et nous torturaient autant qu'elles le pouvaient. »

Gudrun Schwarz conclut laconiquement que, malgré le nombre de dossiers, les femmes SS n'ont pas fait l'objet d'une recherche autonome « ni dans le domaine des études sur les femmes ni dans celui des recherches sur la SS[1] ».

---

1. *Ibid.*, p. 94-95.

Il est bien plus difficile encore de connaître la part réelle prise par les femmes du Rwanda au génocide de 1994. Sur les 120 000 accusés de génocide, 3 564 sont des femmes. Certes, elles ne constituent que 3,5 % du total des génocidaires et il est bien trop tôt pour que les historiens fassent leur travail. Mais comment ne pas être frappé du silence médiatique qui les entoure ? Une exception notable cependant : l'article de cinq pages de l'envoyée spéciale du magazine *Elle*, Caroline Laurent[1]. Elle a rencontré ces femmes hutues, silencieuses, accusées par la justice d'avoir « pillé, dénoncé, torturé, livré, incité à violer, et tué » des membres de la communauté tutsie. Elles ont été désignées comme coupables par des rescapés et par des « témoins qui ont raconté la violence des coups de machette, les viols, les massacres collectifs dans les églises, les chasses à l'homme, aux femmes, aux enfants » auxquels elles auraient participé. Selon la présidente de l'Association des veuves du génocide d'avril[2], dont le mari a été dénoncé par une voisine et n'est jamais revenu, leur implication fut « massive et décisive ». Et totalement préméditée par les

---

1. 4 novembre 2002, « Le silence des criminelles ».
2. Avega.

idéologues du génocide. Leur participation était indispensable à la réussite de leur sinistre projet... Alors des intellectuelles, des médecins, des professeurs, des religieuses, des mères de famille, des agricultrices ont rejoint le rang des génocidaires... « Sans la participation des femmes, il n'y aurait pas eu autant de victimes. » Propos corroboré par le rapport *African Rights* réalisé sur la base de témoignages de rescapés et intitulé : « Moins innocentes qu'il n'y paraît, quand les femmes deviennent des meurtrières ».

La journaliste qui fait part de multiples témoignages, tous plus atroces les uns que les autres, a posé la question de la barbarie féminine au Pr Serban Ionescu[1] qui travaille actuellement sur le génocide rwandais. Il évoque le climat d'extrême tension et de peur entretenu par les génocidaires pour conditionner les Hutus à se battre contre les Tutsis. Il raconte que les femmes ont été mobilisées, tout comme les hommes, par des mécanismes d'identification à l'agresseur, par des phénomènes de groupe. Ce faisant, comme eux, « elles ont perdu leur humanité ». Il ajoute

---

1. Directeur du Laboratoire de psychologie clinique et de psychopathologie de l'université René-Descartes à Paris.

que si on a tant de mal à concevoir l'idée d'une telle violence féminine, c'est parce qu'« il s'agit là d'un stéréotype social, lié à l'idéalisation des femmes, qui entretient l'idée que seuls les hommes puissent commettre de tels actes. Nous sommes dans le déni en pensant cela, parce que c'est une vision insupportable de tels actes. En réalité, le potentiel de violence féminine existe, on le voit dans l'implication de femmes mises en cause dans des infanticides ou des abus sexuels. Dans le contexte rwandais, où le génocide a été savamment orchestré, la participation massive des femmes à de tels actes n'est absolument pas de l'ordre de l'inconcevable[1] ».

On retiendra enfin que l'année 2003 vit la première condamnation d'une femme européenne pour crime contre l'humanité. Le 27 février, le Tribunal pénal international de La Haye a condamné l'ex-présidente des Serbes de Bosnie, Biljana Plasvic, soixante-douze ans, à onze ans de prison pour son rôle prépondérant dans la politique serbe d'épuration ethnique durant la guerre de Bosnie entre 1992 et 1995.

---

1. *Elle*, 4 novembre 2002.

La violence au quotidien

Hors des périodes de violence exceptionnelle, des femmes peuvent tuer, humilier, torturer[1]. Elles ne tuent pas toujours par amour déçu ou pour se défendre d'un mari violent. Mais aussi par intérêt ou par sadisme. Elles font figure dans l'ensemble d'exceptions pathologiques à la règle générale. Pourtant, un phénomène plus troublant semble se développer depuis une dizaine d'années et suscite l'incrédulité : l'augmentation de la violence des adolescentes.

L'année qui vient de s'écouler est riche de faits divers qui mettent en scène de très jeunes filles. En mars 2002, une adolescente de quatorze ans est torturée par deux camarades du même âge qui s'acharnent sur elle jusqu'à la croire morte : poignets tranchés, gorge entaillée, coups de couteau dans le ventre, le visage écrasé. En mai, la cour d'assises de Haute-Garonne juge Clémentine et Sandrine, vingt-deux ans, pour avoir enlevé, dépouillé, fouetté et tenté d'étrangler un étudiant de dix-neuf ans, le laissant mort, le tout sous la

---

1. Leur nombre représente 10 à 15 % des hommes qui tuent, humilient, torturent.

férule d'une redoutable gamine de quatorze ans. En août, un jeune homme de dix-neuf ans tenu prisonnier durant trois semaines à Châteauroux va subir un véritable calvaire (battu, oreilles en partie arrachées, nez cassé, brûlures sur le corps, viols à répétition) de la part d'une bande de marginaux qui compte deux filles. Le 25 novembre 2002, journée internationale pour l'élimination de la violence à l'égard des femmes, *Libération* publie deux brèves. A Rouen, trois jeunes filles de dix-huit à vingt-quatre ans ont été condamnées à deux mois de prison avec sursis et à quatre mois ferme pour avoir insulté, couvert de crachats puis frappé un chauffeur de bus. A Vitrolles, trois femmes ont infligé à une jeune fille de vingt ans des coups de pied et de poing, des brûlures de cigarette, avant de l'exhiber nue pendant dix minutes dans la cité en frappant aux portes pour montrer leur victime. En janvier 2003, une jeune fille de seize ans blesse, dans les Hauts-de-Seine, son professeur de mathématiques d'un coup de couteau dans la cuisse...

En septembre 1998, *Le Point* enquête sur la violence des filles à la suite d'un fait divers[1] : des adolescentes de dix à seize ans ont agressé, avant

---

1. N° 1357, 19 septembre 1998. Article de Sophie Coignard.

d'être arrêtées en flagrant délit, une cinquantaine de personnes : des vieilles dames, des adolescentes de leur âge, mais aussi un homme dans la force de l'âge. On parle de « sauvagerie » et de « férocité ». Pourtant, note Sophie Coignard, « la violence urbaine, version filles, est encore un non-sujet, même si tous les acteurs sur le terrain y voient un phénomène émergent. Une étude des Renseignements généraux de juillet 1997 constate un nombre croissant d'actes commis par des filles qui se bagarrent pour des motifs assez semblables à ceux des garçons : dettes d'honneur, vols de vêtements, rivalités amoureuses, racket au détriment d'autres filles. La préfecture de police de Marseille les estimait à 1,78 % en 1997 et 2,43 % en 1998 ». Chiffre dérisoire par comparaison à la délinquance des adolescents, peut-être sous-estimé au dire de certains spécialistes. Le directeur de l'Institut des hautes études de sécurité intérieure, Philippe Melchior, fait observer qu'« on donnerait moins souvent un caractère pénal au même délit si c'est une fille qui l'a commis et non un garçon ». Il note que les jeunes filles très violentes laissent les professionnels « désemparés et incrédules[1] ». A cause

---

1. *Ibid.*

de nos préjugés centenaires, explique Sophie Body-Gendrot, professeur et spécialiste des politiques urbaines à Sciences-Po et à la Sorbonne, « tout comme nous avons mis du temps à admettre que les enfants pouvaient être terriblement violents, parce que l'image de l'enfance est celle de l'innocence[1] ».

Même constat en 2000 au Canada où les statistiques des dix dernières années signalent une hausse marquée de la violence chez les jeunes femmes. Même si les adolescents sont toujours responsables de la grande majorité des infractions violentes chez les jeunes (les adolescentes n'étant responsables que du tiers), le nombre d'adolescentes accusées de crimes violents a augmenté de 127 % par rapport à une augmentation de 65 % chez les adolescents au cours de la même période[2]. Même constat également aux Etats-Unis et en Angleterre. Selon les Canadiens, bien que les formes de violence puissent être différentes chez les garçons et les filles, les facteurs de risque sont

---

1. *Ibid.*
2. Fondation canadienne de la jeunesse (Internet) et rapport d'avril 2000 au Solliciteur général du Canada : *La Violence chez les adolescentes*, de A. Leschied et A. Cummings. Disponible sur Internet à http://www.sgc.gc.ca. Voir aussi « Crime statistics », *in The Daily*, Ottawa, *Statistics Canada*, 22 juillet 1998.

comparables : antécédents de violence familiale et d'agression, difficultés d'apprentissage, problèmes de santé mentale et une faible confiance en soi. Par ailleurs, le rapport souligne : « Rien ne laisse croire que les filles ou les garçons ont des motifs différents d'adopter des comportements agressifs et violents. *Les jeunes garçons n'ont pas nécessairement plus tendance à être violents ou agressifs.* La culture et l'environnement semblent être de meilleurs indicateurs de la délinquance juvénile que le sexe[1]. » On fera toutefois observer que dans certains quartiers ce sont les adolescents qui imposent une hiérarchie basée sur la force, imprégnée d'un machisme brutal, qui ne laisse aux jeunes filles d'autres solutions que l'agressivité. Comme le fait observer Eric Debardieux, directeur de l'Observatoire européen de la violence scolaire, « le machisme féminin est sans aucun doute une des manières de résister à la domination masculine[2] ». Contre la violence quotidienne des petits caïds, contre leurs agressions verbales, physiques et sexuelles, comment se défendre sinon en se faisant craindre à son tour ?

---

1. Souligné par la Fondation canadienne de la jeunesse.
2. *Le Monde*, 21 mars 2002.

Pourtant, ce cas bien identifié d'une violence réactive à celle des garçons ne dit pas tout de la délinquance féminine. Les filles s'attaquent principalement aux autres filles ou à des femmes. Façon de s'émanciper, suggèrent certains spécialistes comme Philippe Melchior. « Il est en un sens normal, dit-il, que les filles accèdent à une forme d'égalité dans l'agressivité. Le fait que la violence des filles se manifeste avant tout dans l'enceinte scolaire, seul lieu d'égalité des sexes pour elles, est de ce point de vue cohérent : elles travaillent au cutter, rackettent, agressent les enseignants comme les garçons. Elles accèdent à une identité forgée avec les caractéristiques de notre société[1]. » C'est bien la preuve, diront d'autres, que la société est imprégnée du modèle de la domination masculine auquel les filles se soumettent. Pourtant, si tel était le cas, la violence des adolescent(e)s ne serait pas largement circonscrite dans les quartiers à grande misère sociale et culturelle. Et, en dernier ressort, c'est plutôt cette misère-là, avec les graves carences psychologiques qui l'accompagnent souvent, qui est la source première de toutes les frustrations engendrant la violence. Frustrations plus

---

1. *Le Point, op. cit.*

grandes pour les garçons que pour les filles dans une société qui ne jure que par la réussite économique et les succès personnels, mais frustrations qui seront de plus en plus partagées par les filles dans notre société qui proclame aussi l'égalité des sexes. On peut donc parier que la violence de celles-ci ira en augmentant sous la double pression de la frustration sociale et sexiste qui n'en est pas nécessairement une seule.

La violence conjugale

On a vu qu'elle ne s'énonce qu'au masculin. C'est donc une surprise de découvrir dans le rapport du Conseil de l'Europe évoqué plus haut que les victimes de violences domestiques peuvent aussi être des hommes. Selon les statistiques officielles allemandes, 5 à 10 % de ces violences sont le fait de femmes qui battent leur mari. Au point que Berlin doit ouvrir le premier refuge allemand pour hommes battus.

Si l'on trouve ici ou là quelques indications sur ce sujet à l'étranger[1], on fait en France comme s'il n'existait pas. L'enquête de l'Enveff porte exclu-

---

1. *Violence à l'égard du mari : vue d'ensemble sur la recherche et les perspectives,* 1999, Santé Canada (Internet : http://www.hc-sc.gc.com/nc-cn).

sivement sur les violences faites aux femmes, et nul n'a encore eu l'idée de poser des questions similaires aux hommes. Faute de questions, pas de réponses, et le silence total entretenu sur le phénomène rend encore plus difficile la plainte des « hommes maltraités ». D'autant que l'expression même engendre au mieux la surprise et plus souvent le doute, voire une franche rigolade. Après un long combat pour faire reconnaître leur maltraitance, les femmes ont aujourd'hui l'écoute d'associations spécialisées et une plus grande attention de la part de la police. Rien de tel pour les hommes. D'une part, il n'y a pas symétrie entre la violence dont ils peuvent avoir à souffrir et celle que d'autres infligent à leur compagne. A ce jour, les statistiques ne font état d'aucun homme mort des suites de violences conjugales. D'autre part, l'expression « homme battu » paraît relever du paradoxe. Dans l'inconscient collectif, et pas seulement féministe, les hommes agressent et abusent de leur force sur les plus faibles ou les protègent. On ne les imagine jamais du côté des victimes, ni les femmes du côté des bourreaux et des persécuteurs.

L'incrédulité à leur égard ne tient pas seulement à leur petit nombre déclaré. Elle ressemble à celle que l'on a déjà évoquée à l'égard des femmes qui pourraient se débarrasser de leur tyran et ne le font pas[1]. Les hommes sont statistiquement plus forts que les femmes et l'on imagine, à tort ou à raison, qu'ils peuvent toujours mettre le holà à la violence de leur compagne. S'ils ne le font pas, c'est donc que la lâcheté ou le masochisme l'a emporté. Ce qui n'appelle pas la commisération du public.

Pourtant, les motivations des unes et des autres sont plus complexes qu'on ne le croit d'abord. L'interview de trois hommes battus[2] donne une clé qui leur est commune avec un grand nombre de femmes dans la même situation. Etre battu est une humiliation qui désintègre un être humain quel que soit son sexe. Honte à l'admettre, honte à se confier et donc propension à tout dissimuler et à se laisser couler. Hervé, quarante ans, a vécu ce calvaire durant quatre ans : coups de pied, coups de poing, coups de genou. Il va travailler avec un œil au beurre noir ou le

---

1. Il faut ici saluer l'initiative de N. Ameline, ministre délégué à la Parité, de créer une procédure d'urgence pour permettre l'éloignement du conjoint persécuteur au lieu que ce soit celle qui est persécutée qui doive quitter le toit familial.
2. TF1, samedi 8 décembre 2002, 13 h 25. Magazine *Reportage*, « Hommes battus, les bleus de la honte », de Sandrine Lucchini et Axel Charles-Messance.

front ouvert. Il raconte que c'est sa petite fille qui l'a blessé avec un jouet. Christian, trente-trois ans, rapporte que la violence était quotidienne. Un mot de travers, une question, et il recevait une claque. Plusieurs fois menacé avec un fer à repasser ou un marteau, il n'osait plus s'endormir de crainte d'être poignardé dans son sommeil. Un jour, poussé à bout, il réagit violemment, et c'est sa compagne qui porte plainte pour coups et blessures ! Lui dit : « Moi, en tant qu'homme, je ne me voyais pas porter plainte. »

A l'instar des femmes battues, ces hommes semblent longtemps espérer que leur situation va s'arranger. Comme nombre d'entre elles, ils paraissent mystérieusement attachés à leur persécuteur. Mais, contrairement à elles, ils disposent d'une force physique qui pourrait les protéger et dont ils se servent rarement.

L'enquête de l'Enveff estime à 2,5 % le nombre de femmes qui subissent des agressions physiques de la part de leur conjoint. Il est difficile d'avancer un chiffre pour les hommes battus qui se taisent[1], mais il serait de l'intérêt de tous de le

---

1. Prisonniers du stéréotype de la virilité, maris et amants battus par leur compagne n'osent pas porter plainte.

connaître. Non que les victimes disculpent les bourreaux du même sexe. Mais parce que hommes et femmes ne sont pas à ce point différents qu'il faille les classer en deux catégories hétérogènes. Quel que soit leur sexe, les violents — même beaucoup plus nombreux chez les hommes — révèlent une inadaptation, d'aucuns diront une méchanceté, qui relève de la pathologie. Souffrant de carences psychologiques graves qui empirent sous l'effet de l'alcool ou de la drogue, ceux-ci ne peuvent en aucun cas incarner la norme, même si la pathologie n'est jamais très loin du normal.

Hommes et femmes sont sujets à cette pathologie car la violence appartient à l'humanité. On apprend plus ou moins bien à la canaliser, mais les occasions de frustrations et de conflits ne manquent pas, qui mettent à rude épreuve notre observation des interdits. La violence échappe à notre contrôle, au pire par les gestes, au mieux par les mots.

Pourtant, la grande majorité des femmes et des hommes de ce pays vivent ensemble et se séparent de façon civilisée. Non sans peine ni conflits, mais sans violence. Si la gestion des conflits est le propre de l'humanité policée, mâle et femelle, en revanche, c'est une utopie dangereuse de laisser croire à leur possible éradication. La vie de couple — de même sexe ou de sexe différent — ne peut faire l'économie des tensions ou des pressions psychologiques. Selon les cas, on les enterre dans le silence ou on les met au jour par la parole avec le risque des excès afférents à la colère. Mais prétendre censurer la violence verbale en l'assimilant à la violence physique est un mauvais calcul. Quoi qu'on en dise, la blessure des mots est d'une autre nature que celle des coups. C'est une arme à égale disposition des deux sexes qui peut parfois éviter de s'abandonner à la violence physique.

Imposer silence à l'injustice des mots, c'est interdire l'expression de la colère. On peut certes rêver d'une humanité douce et maîtrisée qui a oublié jusqu'au sens de ce mot barbare ; en attendant, le duel verbal, ou la bonne engueulade, reste le meilleur moyen dans bien des cas de soulager les tensions et de mettre fin à un conflit. Soit parce qu'on le surmonte, soit parce qu'on comprend qu'il est insurmontable.

L'ABUS DE POUVOIR

Traditionnellement, l'expression s'applique aux hommes. Détenteurs de tous les pouvoirs, financier, politique, moral, religieux — sans parler de la puissance physique —, ils en ont souvent usé et abusé jusqu'à la tyrannie. En matière politique, on a inventé la démocratie et l'équilibre des pouvoirs qui limitent les abus sans les éradiquer totalement. Au sein du couple conjugal, le partage du pouvoir est bien plus délicat, car la démocratie repose avant tout sur l'amour et le respect de l'autre. Pourtant, en cinquante ans, le couple occidental a fait bien des progrès. Depuis que les femmes ont massivement intégré le monde du travail, elles se sont donné les moyens d'une indépendance inconnue de leurs mères. Même si cette indépendance est très relative pour les plus fragiles d'entre elles, le travail est aussi indispensable à une femme qu'à un homme. Dès lors qu'elle peut survivre sans lui, elle détient également la bombe atomique qu'est la séparation ou le divorce.

Toutefois, l'autonomie financière ne résout pas tous les problèmes de pouvoir. Il existe d'autres dépendances plus subtiles, plus secrètes, qu'il est peut-être plus difficile de surmonter. Par exemple, la dépendance sexuelle, affective ou psychologique. Dans ce cas, l'un tient l'autre et croit pouvoir lui imposer sa loi et ses caprices sans risque de rétorsion. Mais, contrairement à ce qu'on laisse croire, ce pouvoir psychologique n'est pas d'essence masculine, pas plus que son abus. Selon les couples, c'est elle ou lui qui domine, elle ou lui qui est dans la dépendance.

Si l'on compte le chantage affectif, les insultes et les pressions psychologiques dans l'indice global de violence conjugale, ce serait la moindre des choses d'adresser le questionnaire de l'Enveff[1] à un échantillon représentatif de 7 000 hommes de vingt à cinquante-neuf ans, comme on l'a fait pour les femmes. Ce serait non seulement plus équitable, mais cela donnerait une autre idée de la violence conjugale, et peut-être aussi une idée plus juste des hommes et des femmes. Laisser penser que seuls les hommes sont jaloux, mal élevés et tyranniques est une absurdité qu'il est urgent de faire cesser.

Enfin, il est un autre abus de pouvoir sur lequel on reste très discret. Depuis trente ans, les femmes détiennent un pouvoir sans partage sur la

---

1. *Cf.* p. 32 *sq.*

111

reproduction. S'il paraît tout à fait légitime que ce soit à chacune de décider, en dernier ressort, d'une grossesse ou non, c'est en revanche un abus de pouvoir d'utiliser le sperme d'un homme qui ne veut pas d'enfant. Qu'un homme ne puisse plus procréer dans l'insouciance ou contre la volonté d'une femme est un progrès considérable, mais c'est une atteinte morale que d'imposer une paternité à celui qui l'a explicitement refusée. Ces abus de pouvoir-là ne peuvent guère faire l'objet d'enquêtes et de statistiques. Tout se passe dans le secret des consciences, le tête-à-tête et le déni de part et d'autre. Certains penseront que ce n'est qu'un juste retour des choses après cinq mille ans de pouvoir absolu sur le ventre des femmes. D'autres, qu'il suffirait de mettre en place une contraception masculine pour s'épargner ce genre d'inconvénient. Ou enfin qu'une femme a bien le droit de se faire faire un enfant si elle ne demande rien d'autre au géniteur. Pourtant, à l'heure où l'on tente de développer les responsabilités paternelles, il semble pour le moins contradictoire de passer outre la volonté de l'autre et de l'utiliser à des fins qu'il récuse.

Que les féministes alertent les pouvoirs publics contre les violences faites aux femmes, c'est leur devoir et leur honneur. Que les spécialistes des sciences sociales mettent en lumière des comportements ignorés ou mal connus, c'est leur travail. Mais les omissions et les silences ne sont jamais neutres. Reconnaître l'existence d'une violence féminine n'est en rien minimiser l'importante de la violence masculine et l'urgence de la contenir tout en venant en aide à ses victimes. Mais pour tenter de mieux lutter contre nos faiblesses, tant naturelles qu'éducatives, il faut renoncer à une vision angélique des femmes qui fait pièce à la diabolisation des hommes.

A vouloir ignorer systématiquement la violence et le pouvoir des femmes[1], à les proclamer constamment opprimées, donc innocentes, on trace en creux le portrait d'une humanité coupée en deux peu conforme à la vérité. D'un côté, les victimes de l'oppression masculine, de l'autre, les bourreaux tout-puissants. Pour lutter contre cette situation, des voix féministes de plus en plus

---

1. Par exemple, à côté des mères qui instrumentalisent leur enfant, celles qui accusent à tort le père d'abus sexuels sur celui-ci pour mieux lui en ôter la garde. Ou encore le proxénétisme féminin qui exerce une violence directe sur d'autres femmes. *Cf.* Antenne 2, *Envoyé spécial* du 30 octobre 2002 qui montrait que le chef de la mafia responsable du trafic des femmes en Ukraine était une élégante bourgeoise d'une quarantaine d'années.

nombreuses s'en prennent à la sexualité masculine désignée comme la racine du mal. Ce faisant, elles tracent les contours d'une sexualité féminine en contradiction avec l'évolution des mœurs et redéfinissent une « nature féminine » que l'on croyait oubliée.

CHAPITRE III

CONTRADICTION

Nous sommes de plus en plus encadrés par une double obsession sexuelle. D'un côté, des mots d'ordre radoteurs sur l'obligation de jouir, abusivement dénommée « épanouissement » ; de l'autre, le rappel à la dignité féminine, bafouée par des atteintes sexuelles non désirées et dont on ne cesse d'étendre le champ. D'une part, on s'emploie depuis les années 1970 à dé-moraliser la sexualité et à pousser toujours plus loin les limites de la transgression ; de l'autre, on réinvente la notion de sacrilège sexuel. Objet de consommation ou objet sacré, activité ludique ou critère de dignité, badinage ou violence, le sexe est devenu l'objet de deux discours qui s'opposent presque terme à terme et un enjeu crucial du nouveau féminisme moral.

En resacralisant la sexualité, la deuxième vague féministe a opéré une virevolte radicale par rapport au féminisme libertaire qui la précède. En osmose avec les revendications soixante-huitardes, ce dernier clamait haut et fort son désir de dynamiter le socle même du patriarcat, à savoir la maîtrise par les hommes du sexe des femmes. La grande bataille pour les droits à la contraception et à l'avortement visait tout autant la récupération du pouvoir de procréation que l'obtention d'une nouvelle liberté sexuelle. « Mère si je veux, quand je veux » signifiait aussi « jouir sans entrave ». Ce faisant, les féministes de la première heure ont largement contribué à la libération des femmes, mais aussi à la banalisation de la sexualité.

A peine ces nouvelles libertés conquises, on entendit de l'autre côté de l'Atlantique un grondement réprobateur. C'étaient les cris des féministes lesbiennes radicales qui dénonçaient cette banalisation, selon elles, toute au profit des hommes et au détriment des femmes. En croyant s'affranchir du joug masculin, les féministes libertaires l'auraient au contraire renforcé. Plus que jamais, les femmes faisaient office d'objets jetables. L'humiliation féminine était à son comble. Corrélativement, on s'interrogea sur la nature des sexualités masculine et féminine. L'une débridée, violente, conquérante. L'autre, plus tendre, délicate et fidèle. D'aucunes en conclurent à l'incompatibilité des deux sexes ; d'autres, plus nombreuses, avancèrent qu'il fallait mettre un frein à la banalisation sexuelle qui surexcitait la violence masculine. Peu à peu s'insinua dans les esprits l'idée que le sexe féminin était bien un sanctuaire et qu'il n'y avait qu'un seul type de sexualité féminine. Les soi-disant libérées, celles qui n'attachent pas plus d'importance à un bon coup qu'à un bon repas, devinrent les exceptions à la règle. Elles étaient censées être des femmes virilisées, donc aliénées, les plus malheureuses étant sans conteste les prostituées qui osaient se dire libres. Non seulement elles contribuent à l'avilissement de l'image et du corps de la femme (comme la stripteaseuse, l'actrice porno, la bimbo et autre mannequin qu'on transforme en objet sexuel pour vendre de la moutarde), mais elles trahissent leurs sœurs esclaves, victimes des pires proxénètes mafieux. Après la critique du sexe de consommation, celle de la commercialisation du sexe. En moins de temps qu'il ne faut pour le dire, ce féminisme-là retrouvait les accents moralisateurs du vieux judéo-christianisme et participait à la renaissance des stéréotypes sexuels dont on avait eu tant de mal à se débarrasser.

A l'homme prédateur qui ne pense qu'à sa jouissance, on oppose sa victime qui ne cherche que l'amour. Terrorisée par le mâle dominateur, elle n'ose plus ou ne sait plus dire *non*. Pourtant, on ne cesse de l'avertir que la sexualité est un danger où elle risque de laisser son intégrité et sa dignité. Curieusement, on reste muet sur les femmes qui disent *oui* et alignent joyeusement les conquêtes masculines. On évite le moindre commentaire sur l'œuvre autobiographique de Catherine Millet[1], de peur sans doute de paraître bégueule, mais on n'hésite pas, telles les Chiennes de garde, à descendre dans la rue pour s'indigner de l'interdiction du film *Baise-moi* aux moins de dix-huit ans. Il est vrai que celui-ci raconte la cavale criminelle de deux femmes qui tuent tous ceux qui croisent leur chemin à titre de revanche sur leur sale vie. Il n'était peut-être pas mauvais de montrer aux hommes, par l'inversion des rôles, l'horreur de leur propre violence. Pour une fois qu'ils étaient en position de victimes, l'avantage pédagogique valait bien qu'on maltraite un peu notre tendre nature. Deux femmes saisies par le sadisme ne pouvaient être que des hypothèses

---

1. *La Vie sexuelle de Catherine M.*, 2001.

d'école, ou des créatures rendues folles par l'horreur des traitements subis[1].

Au demeurant, il est fort rare que les féministes, tous bords confondus, appellent à répondre à la violence par la violence. La forme de lutte choisie est toujours démocratique, donc légitime. Elle procède en trois temps : la prise de conscience morale d'une violence faite aux femmes, sa pénalisation, suivie du recours aux tribunaux. C'est dire si le combat idéologique est fondamental. En luttant aujourd'hui pour l'élargissement de la répression du crime sexuel à la prostitution et à la pornographie, le féminisme bien-pensant, drapé dans sa dignité offensée, n'hésite pas à faire alliance avec l'ordre moral le plus traditionnel. Son ennemi affiché est l'odieuse société de consommation, expression d'un capitalisme libéral outrancier ; c'est aussi le féminisme libertaire accusé d'être le complice aveugle de celui-ci. L'enjeu de la bataille qui se joue actuellement est fondamental : il ne s'agit de rien de moins que de la redéfinition des rapports entre hommes et femmes et de leurs libertés réciproques.

---

1. Dans une interview au *Nouvel Observateur*, 22-28 juin 2000, l'auteur, Virginie Despentes, déclara sans ambages : « Il est temps pour les femmes de devenir les bourreaux [des hommes ?], y compris par la plus extrême violence. »

LA REALITE SEXUELLE

L'image est omniprésente. Comme nul ne peut plus l'ignorer — pas même les jeunes enfants —, le sexe est partout, exhibé avec crudité au cinéma, à la télévision, dans la publicité, les magazines, la littérature ou les conversations privées. Comme le dit justement Xavier Deleu : « Une cacophonie sexuelle conduit à la saturation de l'espace public sous l'effet de l'accumulation de signes érotiques[1]. » L'objectif affiché : mettre fin à deux mille ans de refoulement collectif et de frustrations personnelles. La levée des tabous est aujourd'hui un mot d'ordre avec lequel on ne badine pas. La moindre réticence à ce *Nouvel Ordre sexuel*[2] condamne celui qui s'y risque à jouer le méchant personnage du censeur, du coincé, bref, du ringard. Il n'est pas question ici de refaire le procès de ce nouvel ordre contraignant que d'autres ont déjà instruit avec talent[3], mais d'appréhender quelque peu la distance entre la

---

1. *Le Consensus pornographique*, 2002, p. 8.
2. Titre du livre de Christian Authier, 2002.
3. Notamment Jean-Claude Guillebeau, Alain Finkielkraut, Pascal Bruckner, Christian Authier ou Dominique Folscheid.

réalité sexuelle telle qu'elle apparaît aujourd'hui et la nouvelle morale féministe.

La fin des normes

Evoquant l'ordre sexuel qui préside à la domination masculine dans les sociétés traditionnelles (ici les Baruya de Nouvelle-Guinée et les Kabyles), Michel Bozon le résume en une phrase : « L'homme donne des ordres et chevauche la femme[1]. » C'est peu de dire que nous sommes à des années-lumière de ce modèle. L'inverse est même devenu une figure sexuelle imposée du cinéma contemporain. Mais la fin des normes ne s'arrête pas là. La jeune littérature autobiographique, les enquêtes sur la sexualité et autres travaux sur telle ou telle pratique minoritaire font état d'une nouvelle sexualité multiforme et débridée. Les uns la voient apaisée et libérée, d'autres sans cœur et sans âme, d'autres enfin comme le lieu de toutes les violences et de la sauvagerie retrouvée.

A lire la littérature féminine de ces dernières années[2], les jeunes filles ôtent leur culotte avec une

---

1. « Sexualité et genre », *Masculin-Féminin : question pour les sciences de l'homme*, sous la direction de J. Laufer, C. Marry, M. Maruani, 2001, p. 171.
2. Ch. Authier, *op. cit.*, chap. I, « Alice, Claire, Virginie et les autres ».

aisance confondante pour l'ancienne génération. Curiosité, désir, fierté, provocation ou conformisme, on ne sait pas trop ce qui préside à cet élan. Ce qui est sûr, en revanche, c'est que la virginité à dix-huit ans inspire plus d'inquiétudes que de satisfactions. On se croit rongé par un mal psychologique qui appelle des mesures appropriées : le recours au psy ou le « déniaisement » sans désir. Le premier pas accompli, reste pour les explorateurs du sexe, les affamés de sensations fortes, un éventail de pratiques à tester ou à adopter. Ne pas mourir idiot — ou innocent — semble être devenu une préoccupation de plus en plus partagée par les deux sexes.

A dix ans d'intervalle, deux enquêtes sur la sexualité des Français donnent la mesure de l'évolution des comportements et de l'explosion des normes de jadis. La première est une enquête quantitative réalisée sur un échantillon de 20 000 personnes au cours des années 1991-1992 par questionnaire téléphonique[1]. On y apprenait — par comparaison avec l'enquête précédente du Pr Simon réalisée en 1972 — que la fellation et le cunnilingus étaient devenus des pratiques large-

---

1. *Les Comportements sexuels en France*, La Documentation française, sous la direction d'Alfred Spira et Nathalie Bajos, 1993.

ment répandues (90 %), que les femmes se masturbaient plus que vingt ans auparavant, que 24 % des femmes avaient expérimenté la pénétration anale (contre 30 % des hommes hétérosexuels[1]), mais que seuls 3 % des hommes et des femmes disaient la pratiquer souvent.

La vision de journaux ou de films pornographiques était une activité éminemment masculine (plus de 50 % entre dix-huit et quarante-quatre ans contre moins de 30 % pour les femmes). Enfin figuraient parmi les activités sexuelles « assez rares » l'utilisation de la messagerie rose (moins de 20 % des hommes de trente-cinq ans) et « rares » le triolisme, l'échangisme et l'utilisation d'un objet pour obtenir une excitation sexuelle. Des pratiques extrêmes du sadomasochisme au *fist-fucking* en passant par le gang bang, il n'était pas question.

En 2002, l'enquête qualitative de Janine Mossuz-Lavau auprès de 70 hommes et femmes de tous milieux et de tous âges par la méthode d'entretiens approfondis fait la preuve de « l'extraordinaire diversité des relations à la sexualité

---

1. Le rapport Simon indiquait que, parmi les individus âgés de vingt à quarante-neuf ans, 24 % des hommes et 16 % des femmes l'avaient expérimentée au moins une fois dans leur vie.

d'individus qui vivent au même moment dans le même pays[1] ». La leçon qu'on doit en tirer, c'est que « la notion de normalité n'existe pas dans ce domaine ». Au point que la journaliste de *Libération* qui l'interroge fait observer : « On a le sentiment que les gens ayant une sexualité assez classique, ou conventionnelle, ne fréquentant pas les clubs échangistes et ne pratiquant pas le triolisme, sont devenus des oiseaux rares[2]. » En vérité, Janine Mossuz-Lavau montre toute l'étendue des comportements, des femmes qui vivent une sexualité très épanouie avec le même homme depuis vingt ans à d'autres qui n'ont rien à envier à Catherine Millet. On apprend que les jeunes femmes pratiquent la sodomie plus que jadis, même si c'est toujours moins que les garçons, que les jeunes filles ont une conception plus égalitaire de la sexualité et rejettent les stéréotypes d'autrefois. « Ce qui a changé, c'est l'élévation du niveau d'exigence des femmes. Elles se sont mis dans la tête qu'elles ont droit au plaisir [...]. J'ai beaucoup de témoignages, dit J. Mossuz-Lavau, de femmes qui ont jeté des

---

1. *La Vie sexuelle en France*, 2002, p. 29.
2. Interview de J. Mossuz-Lavau par Blandine Grosjean, 10 mars 2002.

hommes parce qu'ils ne les faisaient pas jouir. L'une d'elles m'a expliqué qu'elle avait mis dehors un ami en pleine nuit parce qu'il n'y avait "rien à en tirer". Ces comportements sont assez nouveaux[1]. »

Ce qui a changé également, c'est qu'hommes et femmes ont besoin d'assouvir leurs fantasmes et qu'il y a beaucoup plus de gens qu'on ne le croit qui ont des pratiques dites « marginales[2] ».

Est-ce à dire que la sexualité se vit sans drame en France ? « Je n'ai pas rencontré une France frustrée ou malheureuse, répond l'auteur : il y a en France une grande liberté et quelque chose de l'ordre du jeu et de la joie[3]. »

Tout le monde ne partage pas cet optimisme. A commencer par la multiplicité des témoignages littéraires qui mettent en scène une sexualité trash, souvent d'une rare violence, où prévalent des rapports de domination et de soumission. Le corps n'est plus qu'un réceptacle que l'on exploite parfois jusqu'à la destruction, un simple objet de consommation. Sans aller jusqu'à ces extrêmes, d'aucuns font remarquer que la pornographie

---

1. *L'Express*, 28 février 2002. Interview de J. Mossuz-Lavau par Jacqueline Rémy.
2. *Ibid.*
3. *Ibid.*, et *Libération*.

« hard », de plus en plus envahissante dans les pubs, les clips et les films, « imprègne l'intelligence collective » et que le film X sert désormais de « matrice originelle de fantasmes[1] ». Dès l'âge de douze ans, les trois quarts des garçons et la moitié des filles ont déjà visionné un film porno[2]. Ils y découvrent la crudité des mots (*fist-fucking*, gode-ceinture, triple pénétration), la brutalité des actes et la représentation du corps-machine. Pour peu qu'ils aient accès au *hard-core*, ils auront peut-être vu un viol collectif (gang bang), catégorie, dit-on, très demandée dans les sex-shops, et tous les exploits d'un tortionnaire sur le corps d'une femme.

Même si la représentation pornographique ne vise que les fantasmes et l'excitation sexuelle, force est de reconnaître avec J. Mossuz-Lavau que de plus en plus de gens ont besoin d'assouvir leurs fantasmes. Les articles nombreux consacrés aux pratiques marginales, voire extrêmes, les petites annonces dans les journaux les plus honorables et, surtout, le développement de l'offre sexuelle sur le Net ont banalisé ce qui hier encore relevait de l'anormal ou de l'immoral. Depuis dix ans, les

---

1. Xavier Deleu, *op. cit.*, p. 117.
2. Denise Stagnara, citée par *Marianne*, 24 au 30 juin 2002.

salons de l'érotisme se sont multipliés, ainsi que les boîtes d'échangisme ou les soirées privées hard. Même s'ils ne concernent qu'une petite minorité, le regard de la société sur ces lieux de plaisirs très particuliers a changé. Comme le fait observer la sociologue Véronique Poutrain, « les pratiques sadomasochistes, regroupées sous l'acronyme BDSM[1], sans être récentes, sont aujourd'hui plus visibles et tendent progressivement à se normaliser. Elles s'infiltrent dans l'univers du sexe en général et bénéficient actuellement d'un réseau commercial structuré. Qu'elles attirent ou qu'elles révulsent, elles participent désormais à l'espace public. Si les boutiques spécialisées comme *Démonia* existent, parallèlement, il n'est plus un sex-shop qui ne propose son rayon SM [...]. [Ces pratiques] ne sont plus strictement réservées à des amateurs avertis : le sadomasochisme devient aussi ce qui "colore", ce qui donne une intensité jouissive et ce qui "excite" la globalité d'un monde imagier[2] ».

---

1. Résultat de la combinaison de trois autres acronymes : BD (bondage et discipline) ; DS (domination et soumission) ; SM (sadisme et masochisme).
2. « Commerce du sexe et pratiques BDSM », *Quand le sexe travaille...* sous la direction D. Welzer-Lang et Salova Chaker, université de Toulouse-Le Mirail, octobre 2002, p. 101.

L'auteur remarque que l'image du sadomasochisme a évolué « pour se définir finalement
comme une sexualité ludique et récréative, accessi-
ble à tous. Aujourd'hui, des magazines destinés à
des 15-25 ans n'hésitent plus à présenter ces pratiques non plus comme une pathologie, mais
comme un divertissement sexuel riche et amusant
de nouveaux plaisirs ».

Même constat à l'égard de l'échangisme. Le
sociologue Daniel Welzer-Lang, dans le cadre de
ses travaux sur la domination masculine et les différentes formes de prostitution, a consacré quatre
années de recherches ethnographiques à ce qu'il
appelle « la planète échangiste ». De l'étude des
revues spécialisées à celle des petites annonces et
de leurs réponses, d'une cinquantaine d'entretiens
avec les hommes et les femmes de cette planète à
l'observation *in situ* du Cap-d'Agde naturiste et
autres lieux de rencontre, Daniel Welzer-Lang et
son équipe offrent le meilleur aperçu du public qui
se livre à ces pratiques[1].

---

1. « L'échangisme : une multisexualité commerciale à forte domination masculine », *in Sociétés contemporaines*, sous la direction de Michel
Bozon, 2001, n° 41-42, p. 111-131.

De cette étude, on retient d'abord l'extension de ces pratiques dans la seconde moitié des années 1990. A titre d'indices : l'augmentation des lieux commerciaux échangistes dans une ville comme Lyon (9 en 1992 et plus d'une vingtaine en 1996), ou celle des petites annonces spécialisées (800 en 1993 dans la principale revue échangiste et 2 500 en 2001). On estime le nombre d'échangistes entre 300 000 et 400 000 personnes. Essentiellement des hommes : 51 % d'hommes seuls, 41 % de couples (soit 75 % d'hommes), 3,5 % de femmes seules, le reste étant composé de travestis et de groupes divers. Les régions à forte densité échangiste sont l'Ile-de-France, la vallée du Rhône et le sud de la France, mais les adeptes n'hésitent pas à parcourir des centaines de kilomètres pour des rencontres ou soirées en clubs. D. Welzer-Lang fait remarquer que le développement de ces pratiques est un phénomène européen qui touche un public très divers : « Une grande partie des lieux de rencontre accueille une population de 40 ans et plus [...]. Toutefois, on voit parallèlement émerger une minorité significative de jeunes entre 20 et 35 ans [...]. L'après-midi, le droit d'entrée des clubs, réduit à une consommation au bar, permet l'accès à des client(e)s aux revenus modestes, même si la présence d'ouvrier(ère)s demeure rare ; les soirées pour couples, aux tarifs nettement plus élevés, sont essentiellement fréquentées par les classes moyennes et supérieures ; quant aux "parties privées", elles sont généralement réservées aux classes supérieures. »

Même si ce phénomène ne touche qu'une petite minorité de Français (4 %) et de Françaises (1 %), il est dédiabolisé par les médias. « La modernité sexuelle impose désormais qu'on entre au moins une fois dans une boîte échangiste, "pour voir"[1]. » Rien de plus révélateur à cet égard qu'une émission de télévision diffusée un soir de 2001 en *prime time* sur une chaîne nationale où de jeunes couples venaient tranquillement raconter leurs expériences échangistes et l'avantage qu'ils en tiraient pour la poursuite de leur vie conjugale. Il n'est pas indifférent non plus que, dans ses deux derniers romans aux tirages mirobolants, Michel Houellebecq[2] montre ses héros — ou plutôt ses antihéros tant ils sont des caricatures de la classe moyenne — en vacances au Cap-

---

1. *Le Consensus pornographique*, op. cit., p. 186.
2. *Les Particules élémentaires*, 1998, et *Plateforme*, 2001.

d'Agde ou fréquentant les bars SM, à la recherche d'une excitation sexuelle qui se dérobe au quotidien. Dorénavant, tout ce qui pimente le désir est bienvenu, même si les pratiques sexuelles extrêmes, tels les SM hard ou les gang bangs, restent dans l'esprit du public le privilège ou le signe de la perversion d'une infinie minorité.

Corps-objet ou sexe-machine

Dans notre société de consommation sexuelle, le corps se doit d'être jeune, performant et excitant. Pour parvenir à cet idéal, il n'est guère de sacrifices — et en particulier les femmes — auxquels on ne consente. Des plus bénignes aux plus douloureuses, ces modifications du corps signifient qu'on l'appréhende comme un objet à modeler en fonction des modes et du temps qui passe. Les hommes sont obsédés par ses performances, les femmes par son apparence. Obsessions démultipliées par les images érotico-pornographiques qui nous assaillent.

Sans parler du problème des poils — notamment pubiens —, qui appellent l'épreuve de l'« épilation maillot » à la cire chaude, ou de l'horreur de la cellulite et des graisses superflues que l'on combat par des régimes draconiens et la lipo-succion, les femmes occidentales se prêtent de plus en plus au rituel de la chirurgie esthétique. En vrac, à côté des opérations classiques du lifting et des opérations du nez, elles se font poser des pro-thèses mammaires pour augmenter la grosseur de leurs seins, ou à l'inverse pour les réduire, modi-fient les contours de leurs fesses et de leurs cuisses, et même de leurs mamelons, ou de leurs organes génitaux quand ceux-ci ne leur plaisent pas. Tout le corps féminin, et même le sexe, peut faire l'objet d'une modification. Au demeurant, on aurait tort de penser que le corps masculin échappe totale-ment à ce tourment de perfection. Au dire des chirurgiens esthétiques, ils sont de plus en plus nombreux à se faire lifter (une opération sur qua-tre ou cinq) et à s'imposer de sévères régimes diététiques.

Mieux partagées entre les deux sexes de la nouvelle génération, les pratiques du piercing et du tatouage participent à la fois d'un désir de per-sonnalisation ou d'ornement du corps et d'un souci érotique. Le piercing des organes sexuels est censé avoir une fonction excitante, comme celui de la langue qui stimule — dit-on — la zone infé-rieure de la verge lors d'une fellation.

Le corps traité comme un objet que l'on triture et que l'on torture de toutes les manières se voit aussi désinvesti de son caractère érotique au profit de certaines de ses parties. Dominique Folscheid fait observer justement : « Plus on entre dans la logique pure du sexe, plus on se rend captif de ses exigences mécaniciennes, plus il faut désinvestir les corps, plus il faut les morceler et les disperser pour faire de leurs parties sexuellement stratégiques des instruments et des jouets. C'est uniquement dans les zones précises du corps, dites "érogènes" que le sexe voit des lieux d'excitation[1]. » Propos parfaitement illustré par l'imagerie pornographique qui coupe les corps pour mieux montrer en gros plan les parties génitales, ou certains détails de celles-ci, et par certaines pratiques des *back-rooms* qui ne sont plus, à lire Houellebecq, une spécialité homosexuelle.

Le morcellement et l'instrumentalisation du corps ne concernent pas seulement les sexualités marginales ni seulement les hommes. Le nouvel engouement pour les *sex-toys*, les jouets sexuels à destination des femmes, en est l'un des signes. A New York, Londres ou Paris se sont ouverts des

---

1. *Sexe mécanique. La crise contemporaine de la sexualité,* 2002, p. 165.

sex-shops chics pour une clientèle essentiellement féminine. On y trouve tous les objets qui peuvent procurer du plaisir. L'ouverture d'un rayon érotique chez Sonia Rykiel a suscité de multiples articles dans la presse qui parlent tous d'une même voix. Après la description des godemichés fluos comme des bonbons, de Rabbit qui a fait fureur dans la série culte américaine *Sex in the City*, on justifie la nouveauté par les mots magiques : la déculpabilisation du plaisir féminin. Nathalie Rykiel parle d'humour, de dédramatisation et de performance. « Contrairement aux boutiques anglaises, dit-elle, qui vendent des objets très beaux mais inefficaces, j'ai choisi de privilégier les articles procurant un plaisir réel. Quand on se lance dans ce genre de démarche, il faut aller jusqu'au bout, et surtout ne pas être hypocrite ! Nos *sex-toys* sont certes jolis et ludiques, mais avant tout efficaces[1]. » Le succès fut au rendez-vous. En quelques semaines, note *Elle*, la maison a écoulé des centaines d'articles érotiques, et la *waiting list* déborde. Du coup, le droit aux plaisirs solitaires et mécaniques se démocratise à toute vitesse. Le catalogue des 3 Suisses propose des gadgets coquins à

---

1. *Elle*, 4 novembre 2002.

sa clientèle[1], et le commerce électronique n'est pas en reste. On peut commander de chez soi tous les objets dont on rêve et que l'on n'ose pas acheter dans un sex-shop. Là aussi, on parle de « produits déculpabilisants », et le directeur d'un de ces sites confie à *Libération*[2] qu'il enregistre 150 à 200 commandes quotidiennes, que les femmes représentent 40 % des ventes de gadgets et enfin que trois ans après sa création il s'attend à un chiffre d'affaires de 2,3 millions d'euros en 2002, soit plus du double de l'année précédente.

Plaisirs solitaires, jouissances mécaniques, Boris Cyrulnik n'a pas tort de remarquer que chacun a de moins en moins besoin de l'autre : « Avec cette plomberie de la sexualité, les hommes risquent de devenir pour les femmes des godemichés ou des planteurs d'enfants[3]. » A tout le moins des machines qui se doivent d'être aussi performantes que celles qu'on achète en magasin. On comprend l'angoisse masculine de l'impuissance et le recours à toute la panoplie chimique pour être à la hauteur du défi.

---

1. *Le Point*, 20-27 décembre 2002.
2. *Libération*, 31 octobre 2002.
3. *Le Point*, 12 juillet 2002.

La déculpabilisation sexuelle des femmes est en route. Le déferlement médiatique en ce sens et la banalisation de la pornographie ont déjà produit leurs effets sur les plus jeunes. Certaines rêvent de devenir des stars du porno, à l'instar de Tabatha Cash, Mélanie Coste ou Ovidie. Les préadolescentes ont pour idoles les stars des vidéo-clips diffusés en boucle sur des chaînes musicales du câble. On y voit les Britney Spears et autres Christina Aguilera « s'exhiber, se frotter lascivement contre de grands mâles et jouer avec les symboles SM[1] ». Même si ce sont là les fantasmes masculins des ceux qui fabriquent ces clips et non les rêves des jeunes filles, celles-ci sont d'emblée confrontées à la représentation d'une sexualité mécanique et brutale.

Libération des tabous ou tyrannie du fantasme ? Dédramatisation ou réduction de la sexualité à la sensation physique ? Légitimation du désir ou défoulement de la violence ? Epanouissement personnel ou solitude et misère sexuelle ? Prise en tenaille entre les nostalgiques du retour en arrière et les partisans du toujours plus, la majorité s'interroge sur la route à suivre. Tel n'est pas le cas

---

1. *Elle*, 9 décembre 2002. Enquête de Florence Trédez, « Les bimbos de la Pop sont-elles trop hot ? ».

du nouveau féminisme moral, sûr de son analyse et des changements à opérer.

LE MYTHE D'UNE SEXUALITE DOMESTIQUEE

Le diagnostic est évident. Depuis l'origine des temps, ce sont les hommes qui ont imposé leur mode de sexualité aux femmes. La pseudo-libération sexuelle à laquelle on assiste en a démultiplié les effets. Ceux de la domination et de la violence. Du porno au viol conjugal, des tournantes dans les banlieues au regain de la prostitution, on assisterait au déchaînement d'une sexualité masculine qui ne connaît plus de limites. Il n'est que temps d'inverser la donne en traçant les contours d'une autre sexualité qui ignore tout à la fois l'infernale relation de domination et de soumission, le pouvoir de l'argent et l'obscure ambiguïté du désir. Une sexualité transparente, démocratique et contractuelle. Une sexualité douce et innocente qui requiert la communauté des fantasmes et des perversions, l'identité des pulsions et la domestication de celles-ci. Bref, une sexualité unique qui postule la ressemblance des sexes là où justement elle n'existe pas.

« *Le conte de fées de la pureté*[1] »

Le féminisme victimiste qui ne pense qu'en termes de « domination masculine » se défend formellement de toute intention puritaine ou moralisante. Il n'est pas question d'interdire le sexe ou de le cantonner dans le cadre du mariage, ce qui d'ailleurs n'aurait aucun sens aujourd'hui. Pourtant, à l'occasion du récent débat sur la prostitution, on a vu réapparaître les notions de sexe licite et illicite. Bien que prohibitionnistes et abolitionnistes en tout genre soient plus prolixes sur ce qu'ils condamnent que sur ce qu'ils et elles prônent, il n'est pas difficile de cerner les contours de la bonne sexualité.

Le vice absolu, c'est l'argent qui « objectivise le corps féminin et déshumanise la femme en vue d'une domination sexuelle et sociale[2] ». Dans la double lignée du christianisme et du marxisme, l'argent est l'expression de la corruption et de la domination brutale d'une personne

---

1. Philippe Roth, *La Tache*, 2002.
2. Andrea Dworkin, « Why women must get out of men's laps », *The Herald*, Glasgow, 2 août 2002 ; « Prostitution and male supremacy », University of Michigan Law School, octobre 1992.

sur une autre. On ne fait donc pas la différence entre la vente d'un organe et la transaction sexuelle, le viol et la prostitution, la prostitution volontaire et l'esclavagisme. Dans tous ces cas, on parle de marchandisation du corps et d'atteintes aux droits humains. La seule sexualité admise est gratuite, donc innocente, et le désir doit y être réciproque.

Deux petits textes donnent une idée plus précise de ce que serait censée être la bonne sexualité. Le premier est extrait d'un manifeste québécois contre la prostitution. Après avoir fustigé ceux qui « acceptent socialement qu'il y ait des êtres humains qui soient contraints de servir les désirs *pathologiques* de certains hommes — car il s'agit bien de pathologie, puisque se payer une prostituée, c'est avoir envie de baiser quelqu'un qui n'en a pas envie » —, l'auteur indique ce qu'il entend par une sexualité saine et normale : « Dans une société saine, encore malheureusement à l'état d'utopie, les gens ne feraient l'amour que pour partager une *tendresse* et un *désir communs*. Le plaisir des deux partenaires serait la seule façon possible d'aborder la sexualité. Toutefois, la plupart des religions ont séparé la spiritualité de la sexualité alors que cette dernière aurait dû être pensée à travers les questionnements sur l'esprit[1]. »

Cette sexualité « saine et joyeuse » est également mise en avant dans une pétition de Florence Montreynaud, ex-présidente des Chiennes de garde, aujourd'hui chef de La Meute. Datée du 29 juillet 2000, elle est intitulée : « Vive l'amour libre et gratuit » et appelle à l'abolition de la prostitution. Peu encline à la répression, F. Montreynaud plaide pour l'éducation de ceux qu'elle appelle les machos qu'elle qualifiera plus tard de « viandards ». « Le problème des machos, dit-elle, tient souvent à ce qu'ils séparent l'amour du désir[2]. » Le propos est révélateur : la bonne sexualité ne se conçoit en fait que dans l'amour, ou le désir partagé. La sexualité pulsionnelle, qui ignore le sentiment, est hors la loi, amorale et donc à combattre. Elle est même assimilée à un viol par de nombreuses associations féministes.

Cette conception de la sexualité que l'on présente comme la seule légitime se heurte à bien

---

1. Rhéa Jean, *Manifeste pour l'abolition de la prostitution*, sur Internet http://www.artifice.qc.ca/dossierarchives/72.htm. Souligné par nous.
2. Florence Montreynaud, *Bienvenue dans La Meute*, 2001, p. 99.

des difficultés et suscite plusieurs interrogations. Tout d'abord, la sexualité pulsionnelle et monnayée ne concerne pas que les machos ou les viandards. Les femmes qui ont recours à des prestations sexuelles sont plus nombreuses qu'on veut bien l'admettre[1]. Et peut-être le seraient-elles plus encore si les derniers tabous qui pèsent sur la sexualité féminine étaient levés. Qu'une femme prétende à la même liberté sexuelle qu'un homme, c'est-à-dire en dehors de tout sentiment, est toujours regardé comme un vice ou une anomalie. L'homme prostitué dont elle achète les services sexuels doit-il être considéré comme une personne violée ? Le plaisir pour le plaisir est-il toujours assimilé au péché de naguère ? D'autre part, l'assimilation du client au violeur légal ou au « viandard » participe de la pire stigmatisation des prostitué(e)s, dépouillé(e)s de leur dignité et de leur responsabilité. Leur activité appréhendée comme l'ultime degré de l'avilissement les rabaisse au statut de « victime absolue », « peuple de l'abîme », et plus insultant encore au rang de

---

1. Témoignage de Claude Boucher, directrice de l'association Les Amis du Bus des femmes. *Rapport sur la sécurité intérieure*, sous la direction de Marie-Jo Zimmermann, n° 459, 2002, p. 63.

« viande ». Sous les flots de compassion perce un mépris d'autant plus insoutenable qu'il provient de femmes qui se pensent sincèrement féministes et à l'avant-garde du combat pour l'égalité des sexes.

Enfin, cette conception de la sexualité « innocente » qui exclut toute vénalité pose un problème que l'on se garde bien d'aborder. Où commence et où finit le vice ? Si la gratuité et la réciprocité des désirs sont les critères retenus de la sexualité vertueuse, que dire des hommes et des femmes qui choisissent leur conjoint, compagne ou compagnon au regard de son statut social ou de son assise financière ? Que dire de ceux et celles qui se mettent au lit sans désir, parce que c'est un service que l'on rend à l'autre en échange d'autre chose ? Que penser de ce sondage récent de l'IFOP selon lequel 96 % des Français affirment qu'il faut de l'argent pour séduire et 28 % qu'offrir un week-end à l'étranger « marche à tous les coups[1] » ? Certains y verront l'un des effets pervers de l'ultralibéra-

---

1. Sondage IFOP et Egg réalisé le 5 septembre 2002, *CB NEWS*, 30 septembre au 6 octobre 2002, qui constate : « Le pouvoir de l'argent sur les sentiments n'est plus tabou. L'amour a un prix, un coût et chacun attend un retour sur investissement... »

lisme à combattre, d'autres la fin du romantisme et la dissociation entre amour et sexe. Mais les tenants féministes de la pureté ne l'entendent pas de cette oreille. A défaut de pouvoir changer les mentalités, on peut toujours s'en prendre à la prostitution de la rue. Comme toujours, le conte de fées de la pureté se conclut par la répression. Droite et gauche confondues, mairie de Bordeaux ou mairie de Paris en appellent qui à la pénalisation du couple vénal, qui à celle du seul client, façon détournée de s'en prendre aussi à la prostituée en lui interdisant son activité. Dans le camp « féministe » de la mairie de Paris, tout est prévu : deux ans d'emprisonnement (soit quatre fois plus qu'en Suède !), 30 000 euros d'amende et un suivi socio-judiciaire[1] pour le client récalcitrant. Par ailleurs, en même temps qu'on pénalise, on médicalise de sinistre mémoire. Ces clients sont des malades qu'on voudrait soumettre à une « injonction de soins ». Quant aux prostituées, on vient d'apprendre à point nommé qu'elles sont atteintes de dysfonctionnements

---

1. Interview de Christophe Caresche, adjoint au maire et député socialiste au *Journal du dimanche*, 29 septembre 2002. Le 13 janvier 2003, *Libération* n'évoque plus que six mois de prison et 7 500 euros d'amende.

psychologiques considérables et souffrent du syndrome de « décorporalisation[1] ». Bref, tout est en place pour déclarer la guerre aux méchantes pulsions.

Transparence et consentement

Les deux termes vont de pair. Le consentement à l'acte sexuel implique la limpidité et la netteté de la demande. Tout doit être dit, explicité, clarifié. Comme dans certains pays protestants de jadis, on ne met pas de rideaux aux fenêtres. Rien ne doit être dissimulé de notre intérieur. Le désir doit se montrer à nu, visible par l'autre jusque dans son dernier recoin. Foin des pudeurs qui cherchent à dissimuler la crudité ou la brutalité de tel ou tel de ses aspects. Il faut tout dire et tout montrer de soi. En ce sens, les théoriciennes du consentement rejoignent dans un même élan les manuels de confession du XVIe et du XVIIe siècle, et la jeune littérature exhibi-

---

1. Judith Trinquart, *La Décorporalisation dans la pratique prostitutionnelle : un obstacle majeur à l'accès aux soins,* Thèse de doctorat de médecine générale, 2001-2002. Voir aussi l'excellente analyse critique de Liliane Kandel, « Une nouvelle maladie mentale en France ; la prostitution », *Pro-choix, la Revue du droit de choisir,* n° 23, hiver 2002, p. 17-23.

tionniste contemporaine. On se souvient que, dans les premiers, une longue liste de questions touchant à la sexualité était dressée à l'usage du confesseur pour être sûr qu'il n'en oublie aucune et qu'il mesure le plus précisément possible la gravité des péchés du pénitent. « Vous a-t-il mis la main ici ? Là ? Est-il entré par tel orifice ou tel autre ? A-t-il joui dedans ou dehors ? » etc. Aujourd'hui, la confession n'est plus arrachée, elle est proclamée devant le plus large public possible. Filles et garçons atteints d'une sorte de prurit d'exhibition n'en finissent plus d'étaler leurs désirs les plus intimes et les malheurs de leur sexe. De tel(le) écrivain(e) connu(e) au plus obscur des quidams devant les caméras de télévision, chacun ne rêve plus que d'exposer à visage découvert les méandres de sa vie sexuelle. Le tête-à-tête avec le confesseur ou le psychanalyste montre ses limites et sa fadeur. Pourtant, il s'agit toujours du même objectif : tout dire, tout dévoiler.

L'optique féministe ne partage en rien ce désir de publicité. Mais l'exigence d'un consentement dénué de la moindre ambiguïté appelle la même explicitation totale du désir. Le but est de préserver une pleine et entière liberté à l'égard du

désir de l'autre. « Céder n'est pas consentir[1] »,
nous a-t-on appris. Et l'on répète à l'envi sur tous
les campus américains que la moindre pression
psychologique frappe la sexualité d'une immédiate
illégitimité. Autre façon de parler de viol. D'où
l'importance extrême accordée à la signification
des mots. La glose féministe est inlassable sur le
« non » et le « oui ». Curieusement, seuls deux cas
sur quatre sont envisagés. Le « non qui veut dire
non » et le « oui qui veut dire non ». Personne ne
s'intéresse au « oui qui veut dire oui », et encore
moins au « non qui veut dire oui ».

Sur un campus, un non est censé toujours
vouloir dire non. Et de fait, quand une proposition
de caractère sexuel n'est pas désirée, on est supposé
le faire savoir sans ambages. Le prédateur masculin
peut faire mine de ne pas entendre et opérer des
pressions de différentes sortes sur sa proie. S'il s'agit
de pressions physiques, s'il utilise sa force, nul doute
qu'il s'agit d'un viol. Aux yeux des théoriciennes
du consentement, les pressions psychologiques ne
sont pas moins contraignantes. Elles relèvent de ce

---

1. N.-C. Mathieu, « Quand céder n'est pas consentir ; des détermi-
nants matériels et psychiques de la conscience dominée des femmes »,
L'Arraisonnement des femmes. Essais en anthropologie des sexes, 1985,
p. 169-245.

qu'on appelle une « coercition sexuelle non violente[1] ». On définit ainsi la coercition verbale : « Le consentement d'une femme à une activité sexuelle non désirée à cause de l'utilisation par l'homme d'arguments qui n'incluent pas de menaces physiques. » Par exemple, il pourrait mettre fin à leur relation si elle ne fait pas l'amour ; il lui dit qu'elle est frigide ou bien que tout le monde le fait. Si elle se soumet à ses arguments, c'est un oui qui veut dire non. Elle a cédé et non consenti et l'on retrouve la problématique du viol.

A titre pédagogique, un (une ?) étudiant(e) de Harvard écrivit une pièce sur le viol, *Calling It Rape*, à la fin des années 1980. Le but : alerter ses condisciples sur le viol fondé sur le malentendu verbal. Katie Roiphe en raconte un passage : « Alors qu'une fille et un garçon sont en train de regarder une vidéo, il commence à venir sur elle. La fille n'a pas envie de faire l'amour. Comme la situation progresse, elle dit dans un ultime effort pour communiquer son manque d'enthousiasme : "Si tu veux me faire l'amour, utilise un préservatif." Il interprète ce propos

---

1. Charlene Muelenhard et Jennifer Schrag, « Nonviolent sexual coercition », cité par K. Roiphe, p. 67.

comme un oui, mais en réalité c'est un non. Et selon l'auteur de la pièce, ce qui arrive, préservatif ou non, est un viol[1]. »

La parole ne suffit donc pas à légitimer un acte sexuel. En deçà des mots, il faut savoir mesurer les intentions que l'on ne dit pas, les répulsions que l'on n'avoue pas et toutes les difficultés inhérentes au « non » féminin. Il faut prendre en compte une passivité et une timidité féminines que l'on a eu tort de penser révolues. Fort de cette doctrine, le oui d'une femme est donc sujet à caution, à moins d'être clamé haut et fort. Comme le dit Michel Feher, il plane toujours un « doute sur la validité du consentement qu'une femme apporte aux manœuvres de son séducteur[2] ».

Etrangement, cette prise en compte de la timidité féminine ou de ses intentions cachées est rarement envisagée dans la situation inverse : le non qui veut dire oui. Eric Fassin, volontiers porte-parole du féminisme américain, reconnaît qu'« il n'est pas rare que la femme oppose un refus symbolique, et une résistance pour la forme, afin

---

1. *Op. cit.*, p. 75.
2. « Erotisme et féminisme aux Etats-Unis », *Esprit*, novembre 1993, p. 126.

de mieux signifier son assentiment », mais il ne voit là qu'un reliquat de l'époque victorienne[1]. Au contraire, Patrick Hochart et Claude Habib, relecteurs du livre V de l'*Emile* de Rousseau, nous renvoient à la dissymétrie des rôles sexuels et à la complémentarité des désirs féminins et masculins[2]. Il est peut-être inscrit dans la nature que l'homme « conquiert » et que la femme « cède » à une douce violence. Propos évidemment inacceptables du point de vue féministe car ils ouvrent la porte à tous les abus.

Pourtant, si on admet qu'une femme puisse dire oui en pensant non, on devrait aussi admettre l'inverse. A moins de rayer une fois pour toutes le mot « pudeur » de notre vocabulaire, comme le signifiant d'un sentiment ou d'une hypocrisie qui n'a plus cours. Est-ce bien le cas ? A moins aussi de penser que le cœur et le corps marchent toujours d'un même pas et que nous restons *in fine* les maîtres de nos désirs. Mais la théorie du

---

1. « Le *date rape* aux Etats-Unis », *Enquête* n° 5, 1997, p. 210. Cité par Claude Habib, *Le Consentement amoureux*, 1998, p. 68.
2. Patrick Hochart, « Le plus libre et le plus doux de tous les actes », lecture du livre V de l'*Emile*, *Esprit*, août-septembre 1997, p. 61-76. Claude Habib, « Les lois de l'idylle. Amour, sexe et nature », *ibid.*, p. 77-91.

consentement n'a que faire de ces broutilles. Elle exige que nous dressions d'emblée le catalogue complet de nos envies et de nos aversions. Ce qui nous mène tout droit à l'idée de contrat sexuel.

Consentement et contrat

On s'est beaucoup gaussé en France, mais également aux Etats-Unis, de l'initiative de l'Antioch College, dans l'Ohio, qui promulgua une charte au début des années 1990 visant à réglementer l'acte sexuel. Celui-ci doit faire l'objet d'un accord détaillé entre les deux parties sur toutes les étapes du processus. Ce qui implique la demande et l'obtention d'une permission pour le moindre geste de l'intimité sexuelle. L'idéal étant un contrat rédigé — pourquoi pas devant notaire — pour éviter toute contestation *a posteriori*.

Même parmi les féministes les plus convaincues, ce contrat sexuel apparut comme une caricature aberrante du consentement réciproque. Une sexualité qui ne laisse plus aucune place à l'imagination et à la spontanéité signe la fin de l'érotisme. Comme d'aucuns l'ont fait remarquer : « La probabilité est évidemment très faible de voir deux futurs amants marcher exactement d'un même pas vers l'échange libre et égal qui seul justifie leurs ébats [...] de voir leurs désirs naturels s'éveiller et mûrir exactement aux mêmes moments et à la même cadence[1]. » Pourtant, ce contrat absurde est la conséquence logique de la transparence exigée par la théorie du consentement. Si l'attention sexuelle non désirée relève du harcèlement, si l'ambiguïté des mots et des gestes peut donner lieu à des poursuites pénales et si, contrairement à l'adage, celui ou celle qui ne dit mot ne consent pas, il faut bien d'une façon ou d'une autre établir une sorte de contrat préalable. Le jeu des non-dits, des surprises, des masques et des initiatives n'a plus sa place dans le sexe « légal ».

C'est pourquoi certaines féministes américaines, plus cohérentes ou dogmatiques que d'autres, ont proposé de faire de la formule contractuelle la norme des relations hétérosexuelles. Dans un court essai qui lui valut en 1992 un prix de l'American Philosophical Association, la philosophe Loïs Pineau a développé le modèle de ce qu'elle appelle le *communicative sex* qui s'inspire des règles de l'Antioch College. A ses yeux, l'avantage d'un tel système est qu'aucun homme ne pourrait plus

---

1. Michel Feher, *op. cit.*, p. 129.

arguer qu'un non veut dire oui ; on ferait ainsi reculer considérablement le nombre de viols, et en particulier celui des *date rape*. Comme le fait remarquer Daphne Patai, Loïs Pineau, contrairement à Catharine MacKinnon, postule que les femmes sont tout à fait capables de donner un consentement explicite et verbal sans en rester au geste et au sous-entendu[1]. Non seulement l'explicitation n'est pas un problème, mais c'est un must.

En France, le thème du contrat sexuel n'a jamais été abordé en ces termes. On se contente de dire que « c'est un beau mot, consentement, et une belle chose[2] », en se gardant de définir la « chose ». Certes, chacun comprend ce que signifient le refus du consentement et son contraire, l'élan sensuel. Mais nous savons bien que le consentement en matière amoureuse et sexuelle se joue souvent dans l'entre-deux : le peut-être, l'indécision, le oui et le non à la fois. De cette zone grise, complexe, parfois contradictoire, nous ne savons que dire et nous préférons l'ignorer.

---

1. Daphne Patai, *Heterophobia, Sexual Harassment and the Future of Feminism*, 1998, p. 176-177. L'essai de Loïs Pineau, « Date rape : a feminist analysis », a été publié dans l'ouvrage collectif édité par Leslie Francis, *Date Rape : Feminism, Philosophy, and the Law*, 1996, p. 1-26.
2. S. Agacinski, *Libération*, 10 mars 2002.

L'inconscient n'a plus sa place dans la théorie et la politique féministes. C'est le prix à payer pour l'exigence de transparence.

Le seul cas de contrat sexuel connu est celui qui définit l'acte prostitutionnel. Or il est récusé par les féministes abolitionnistes. Pourtant il y a bien là un accord préalable entre les deux parties sur les gestes et les actes accordés ou refusés. Chacun a son prix et la prostituée indépendante accepte ou refuse les demandes du client. La transparence est totale parce que la pudeur et le sentiment en sont exclus. Paradoxalement, c'est bien pour cette raison que le contrat est nul. Aux yeux des abolitionnistes, il ne peut y avoir de libre consentement à une sexualité qui se situe d'emblée hors du sentiment ou du désir. Faire de son corps un objet de transactions est le signe d'un esclavage et donc d'une aliénation. Aucune femme saine d'esprit ne peut « sombrer » dans la prostitution par choix, nous dit-on. Seul la misère économique, la contrainte physique par un proxénète et un lourd passé psychologique peuvent expliquer une telle situation. Auquel cas, le consentement de la prostituée ne vaut rien et le contrat sexuel en est invalidé. On ne s'étonnera donc pas que certaines amalgament viol et prostitution. « Le viol

des femmes met au jour de manière incontourna-
ble la domination des hommes sur les femmes. Il
la rend visible. La prostitution rend possible l'accès
au corps des femmes avec toutes les violences ima-
ginaires [*sic*] ou réelles que le client véhicule[1]. »

LE MODELE
DE LA SEXUALITE FEMININE

Les diverses enquêtes sur la sexualité font
toujours état d'une distinction largement partagée
entre sexualité féminine et sexualité masculine. A la
question de savoir si on peut dissocier le sexe de
l'affectif, les hommes répondent sans hésiter par
l'affirmative, les femmes non. Même si, comme le
souligne Janine Mossuz-Lavau, les stéréotypes
sexuels sont de plus en plus atténués et que « les
femmes commencent à faire comme les hommes
tandis que les hommes font du sentiment », l'idée
d'une distinction entre désir masculin et désir
féminin perdure. Lors d'une rencontre de Pascal
Bruckner et Paula Jacques sur ce thème, le premier

---

1. Bulletin de l'ANEF (Association nationale des études féminines),
automne-hiver 2002-2003, p. 123.

rappelle que « la sexualité masculine est simple, mécanique. Le désir va tous azimuts et s'il y a une prostitution exclusivement pour les hommes [?], c'est que la sexualité masculine est une sexualité du désir immédiat ». La seconde insiste également sur la différence des temporalités et la position archaïque du chasseur masculin. Elle pense qu'il reste aux femmes « cette malédiction qui les empêche d'avoir cette sexualité prompte, volatile et instable des hommes [...]. Ne peuvent-elles s'émouvoir que s'il y a un sentiment d'amour, c'est-à-dire construction[1] ? ».

Bien que Catherine Millet et ses jeunes sœurs paraissent échapper à la malédiction, les travaux sociologiques continuent de souligner les différences sociales mais aussi psychologiques entre désir féminin et désir masculin. Michel Bozon note qu'ils « n'ont pas le même poids ni la même légitimité dans la vie sexuelle d'un couple. Interrogés pour savoir qui avait le plus envie au moment du dernier rapport sexuel, hommes et femmes déclarent que c'était la femme dans à peine un cas sur dix, l'homme dans quatre ou cinq cas sur dix, et les deux également dans le

---

1. *Psychologies*, juillet-août 1997, n° 155.

reste des cas. Les femmes sont plus nombreuses encore que les hommes à voir le désir masculin comme dominant[1] ».

Conscient de la différence des désirs selon les sexes, le marché du film pornographique se tourne aujourd'hui vers les femmes. L'initiative vient du Danemark, où Lars von Trier a produit deux films X spécifiquement conçus pour répondre aux attentes féminines. La réalisatrice, Lisbeth Lynghoeft, explique que 90 % de ces films sont produits par des hommes pour des hommes et qu'il est temps de « répondre aux attentes spécifiquement féminines en matière d'érotisme et de pornographie. On veut voir plus de préliminaires, des corps mis en valeur dans leur ensemble, pas réduits à des organes génitaux, une progression dramatique dans l'intrigue mettant en scène des personnages crédibles éprouvant des sentiments. La seule limite imposée est le respect de la femme, qui ne doit en aucun cas être violentée ni soumise contre son gré[2] ».

« Préliminaires », « durée », « sentiments », tel est le triptyque traditionnel qui définit la sexualité féminine. « Pénétration », « consommation »,

---

1. « Sexualité et genre », *op. cit.*, p. 183.
2. *Paris-Match*, 7 novembre 2002.

« domination » : celui de la sexualité masculine. C'est évidemment celle-ci qui constitue un problème pour les féministes de la deuxième vague.

La dénonciation de la sexualité masculine

Si l'on pense que la sexualité est le fondement de l'oppression des femmes par les hommes et qu'elle explique leur infériorité sociale, deux possibilités sont envisageables selon que l'on adopte une philosophie essentialiste ou culturaliste. Dans le premier cas, on appelle à la séparation des sexes et au refus de l'hétérosexualité. Dans le second, on milite pour la transformation de la sexualité masculine. Depuis les années 1970, le féminisme américain a développé très avant les deux options. Mais les appels répétés du féminisme lesbien et séparatiste à rompre avec les hommes se sont révélés — sans grande surprise — inopérants. En 1984 encore, la philosophe Joyce Trebilcot et quelques autres eurent beau supplier les femmes de ne plus participer à l'institution de l'hétérosexualité[1], l'injonction resta lettre morte. Le discours culturaliste prit le relais. « Sans renoncer à leurs valeurs, les gardiennes

---

1. Cité par D. Patai, *op. cit.*, p. 141-142.

de l'authenticité féminine vont alors négocier un mouvement de repli stratégique qui les amène à privilégier un usage défensif et légaliste de la culture et de la sexualité qu'elles attribuent aux femmes. Autrement dit la deuxième vague du féminisme culturel, où l'on constate la montée en puissance des juristes [*cf.* C. MacKinnon], tend à suspendre la question de la compatibilité entre les sexualités mâle et femelle pour concentrer ses efforts sur la lutte contre les abus commis par la première[1]. »

Si, officiellement, il ne s'agit plus de combattre l'essence masculine, mais seulement ses manifestations pathologiques (pornographie, harcèlement, violences, prostitution, viol), la critique de la masculinité est si radicale et générale que seuls une très petite minorité d'hommes peuvent peut-être prétendre échapper à l'anathème. A lire A. Dworkin, C. MacKinnon ou K. Barry, c'est toute la sexualité masculine qui est remise en cause et avec elle l'hétérosexualité.

C'est à l'occasion de leur combat contre la pornographie que Dworkin et MacKinnon ont développé leur théorie de l'homme prédateur et violeur.

---

1. Michel Feher, *op. cit.*, p. 123-124.

Premier acte : rétablir le point de vue féminin sur la sexualité : « Jusqu'à maintenant, le point de vue des hommes, désigné comme objectif, a été de faire la distinction très nette entre le viol, d'une part, et les rapports sexuels de l'autre ; le harcèlement sexuel, d'une part et l'approche sexuelle, normale, de l'autre ; la pornographie ou l'obscénité, d'une part, et l'érotisme de l'autre. Le point de vue mâle les définit par distinction. L'expérience des femmes ne permet pas de distinguer aussi clairement les événements ordinaires, normaux, des abus [...]. Notre position est que la sexualité qui prend précisément ces formes ordinaires nous viole en effet souvent. Aussi longtemps que nous continuons à dire que ces choses sont des abus enracinés dans la violence et non pas dans le sexe [...] nous laissons la ligne entre viol et rapports sexuels, harcèlement sexuel et rôles sexuels, pornographie et érotisme, là même où elle a été tracée[1]. »

C. MacKinnon exprime on ne peut plus clairement son soupçon (ou sa certitude) que l'acte hétérosexuel le plus banal est en vérité le viol.

---

1. « Sex and violence : a perspective », 1981, *Feminism Unmodified*, 1987, p. 86.

Dans le même article, elle rappelle que la définition juridique du viol implique la pénétration. Or, dit-elle, c'est justement sur la pénétration du vagin par le pénis qu'est fondée l'hétérosexualité en tant qu'institution sociale[1]. Il n'y a donc guère de différence de nature entre les deux. Mais les femmes sont tellement aliénées au point de vue masculin qui les distingue qu'elles se croient libres alors qu'elles ne le sont pas. Quel que soit leur partenaire, amant, mari ou violeur, les femmes sont toujours mises en situation de soumission et de contrainte.

Deuxième acte : la mise en accusation du pénis. Cette fois, c'est Andrea Dworkin, qui ne cache pas son homosexualité, qui sonne la charge « contre ce morceau de chair de quelques centimètres[2] », responsable de la violence masculine. De façon répétitive et obsessionnelle, Dworkin développe le thème d'un pénis tout-puissant, violent et blessant, qui est l'expression même de la masculinité. « Dans la culture masculine, le pénis est considéré comme une arme, spécialement une

---

1. *Ibid.*, p. 87.
2. *Pornography, Men Possessing Women*, 1981, chap. 2, « Men and boys ».

épée. Le mot "vagin" signifie littéralement "fourreau". Dans la société où règne la suprématie masculine, la reproduction a le même caractère d'une force conduisant, presque inévitablement, à la mort ; le sperme a valeur d'agent potentiel de la mort des femmes [*sic*]. Depuis des siècles, la détestation féminine du sexe, son rejet, la frigidité féminine [...] ont signifié la rébellion des femmes contre la force du pénis [...]. Leur aversion contre le pénis et la sexualité telle qu'elle est définie par les hommes ne doit pas être vue comme du puritanisme, mais comme leur refus de rendre hommage au principal pourvoyeur de l'agression masculine contre les femmes[1]. »

Comme son amie MacKinnon, et avec moins de précaution encore, elle conclut que le viol est le paradigme de l'hétérosexualité. Du moins, tant que l'on n'aura pas changé en profondeur la nature de la masculinité.

Le troisième acte est à venir : policer, adoucir, démocratiser la masculinité et la sexualité qui l'exprime. Seule manière de sortir de l'infernale opposition entre l'homme prédateur et sa victime impuissante.

---

1. *Ibid.*, p. 56.

Policer la sexualité masculine

Si l'on ne compte plus les textes qui attaquent la sexualité masculine, rares sont ceux qui expliquent clairement ce qu'elle devrait être. Généralement, elle se laisse deviner au creux de la critique. Si toute pénétration est une agression, la sexualité souhaitable est celle qui privilégie les caresses à l'« envahissement du vagin », selon l'expression de Dworkin. A ses yeux, la sexualité dégagée de la menace du viol qui plane sur tout acte hétérosexuel se définit en quatre mots : intimité, tendresse, coopération et émotion[1]. De son côté, Florence Montreynaud, qui, elle, ne remet pas en cause l'hétérosexualité, mais la sexualité « macho », souligne que « le vocabulaire de la sexualité est si imprégné par le machisme qu'on appelle "préliminaires" les plaisirs autres que la pénétration dans le vagin. Faire l'amour, c'est "posséder" ou "prendre" une femme. La séduction est vue comme une opération militaire, la femme se défendant comme une forteresse et l'homme "tirant son coup", après quoi la messe est dite[2] ».

---

1. A. Dworkin, *Letters from a War Zone*, 1993, p. 169.
2. *Bienvenue dans La Meute, op. cit.*, p. 199.

On pourrait objecter que les hommes qui ont une telle pratique sexuelle démontrent leur maladresse et leur ignorance. Ce sont de mauvais amants et pas nécessairement des machos. Par ailleurs, les femmes ne sont pas non plus des objets inertes et sans volonté. Hors du cas de la contrainte physique — et là il s'agit d'un viol —, elles sont tout à fait capables de dire ce qui ne leur convient pas et de ne pas renouveler l'expérience. Les préliminaires sont affaires d'apprentissage pour les deux sexes et n'ont pas forcément à voir avec les quatre impératifs qui définissent la sexualité féminine selon Dworkin.

Au demeurant, n'est-ce pas là une vision très partielle de la sexualité féminine ? Que diraient Catherine Millet et bien d'autres de ce modèle — fût-il majoritaire — si traditionnellement féminin ? Sans parler même d'un retour à la sexualité prégénitale des enfants, tel que le souhaite Andrea Dworkin[1], ne faut-il pas entendre une injonction à « féminiser » la sexualité masculine ? L'intimité et la tendresse ne sont pas l'alpha et l'oméga de tout désir. La violence des pulsions n'est pas exclusivement masculine et n'aboutit pas nécessairement à un viol. Pourtant, de cela, il n'est jamais

---

1. *Right-Wing Women*, 1983, chap. 3.

question. Pas plus que de celles qui n'ont rien de commun avec O, l'héroïne de Pauline Réage, et qui réclament sans complexe un dominateur au lit et un « associé » en dehors.

La multiplicité des sexualités n'a plus à être prouvée. La complexité de la libido non plus. Pourtant, on n'a toujours pas renoncé à domestiquer le désir. En ce sens, on assiste bien à un retour au pré-freudisme. Certes, au XIXe siècle, il s'agissait de canaliser la libido au sein de la conjugalité. Hommes et femmes étaient également interdits de jouissance hors mariage (même si l'interdiction était beaucoup plus drastique pour les femmes que pour les hommes). Aujourd'hui, c'est d'abord la sexualité masculine qu'il faut contraindre. Moins en interdisant toute relation sexuelle avec des êtres irresponsables, comme les enfants ou les aliénés, ce qui n'est pas nouveau[1], mais en redéfinissant la nature de la sexualité licite. C'est à l'occasion du débat sur la prostitution qu'on a vu fleurir un certain nombre de propos qui laissent étonné. Il faut mettre « un frein à la pulsion masculine », écrit Françoise Héritier qui se trompe

---

1. Aujourd'hui, ce sont les prostituées que l'on tente de renvoyer dans le camp des enfants et des aliénés. Ce faisant, elles rejoignent les objets interdits à la sexualité masculine et se voient privées du statut de citoyennes à part entière.

de siècle et de société lorsqu'elle dénonce la seule « licéité » de celle-ci : « Un point n'est jamais mis en discussion : c'est la licéité de la pulsion masculine *exclusivement*, sa nécessité à être comme composante légitime de la nature de l'homme, son droit à s'exprimer, tous éléments refusés à la pulsion féminine, jusqu'à son existence même [...]. La pulsion masculine n'a pas à être entravée ni contrecarrée, il est légitime qu'elle s'exerce sauf si elle le fait de manière violente et brutale. » Bien que l'on puisse penser que le féminisme des années 1970 a justement mis fin à cette dissymétrie, l'auteur appelle à interroger « cette évidence apparemment naturelle de la légitimité de la pulsion sexuelle mâle, non pour la réprimer totalement [?], ce qui n'aurait pas de sens, mais pour aboutir à un exercice qui reconnaisse la légitimité parallèle de la pulsion féminine[1] ». Les divers rapports sur la sexualité des Français(es) montrent que l'interrogation a déjà eu lieu et que le rééquilibrage est en voie de réalisation. L'heure n'est plus à l'étouffement du désir féminin et encore moins à « la condamnation morale et [au] rejet social pour les femmes sans défense qui n'ont pas pu ou su

---

1. *Masculin/Féminin II*, p. 293-295. Souligné par nous.

167

éloigner d'elles la convoitise masculine[1] ». Selon le point de vue adopté sur la sexualité féminine, la bouteille est à moitié pleine ou à moitié vide, mais pas complètement vide !

Que signifie « mettre un frein à la pulsion sexuelle » ? L'éducation et la culture nous apprennent, plus ou moins bien, à la sublimer. La loi tente de la contenir dans les limites de la responsabilité réciproque. Mais elle est très difficilement modifiable comme le prouvent chaque jour de nombreux faits divers. Le pôle pulsionnel n'est jamais totalement domestiqué. La sexualité n'obéit pas à la seule conscience ni aux impératifs moraux tels qu'on les définit à une époque ou à une autre. Elle ne se confond pas non plus avec la citoyenneté. Elle appartient à un tout autre monde, fantasmatique, égoïste et inconscient. C'est pourquoi l'on se prend à rêver quand on lit qu'« il est temps que les hommes remettent en question leur sexualité[2] », ou bien qu'il s'agit d'« éduquer des citoyens à un rapport entre les hommes et les femmes fondé sur l'égalité et le respect de l'autre et de sortir d'une *vision*

---

1. *Ibid.*, p. 295. Ce propos n'a de sens en France que dans le cas de populations qui n'ont pas adopté les valeurs de la culture et de la démocratie française.
2. *Manifeste antiprostitution* (Québec), *op. cit.*, p. 13.

archaïque de la sexualité masculine[1] ». Moderniser la sexualité comme s'il s'agissait d'une mode !

On reste encore plus stupéfait de lire sous la plume d'une abolitionniste un appel à un *brainstorming* généralisé : « Nous demandons aux hommes des associations, des partis politiques et des syndicats de se réunir, de travailler sur leur sexualité et leur rapport avec le système prostitutionnel, [...] de proposer des solutions à leurs instincts, envies, besoins irrépressibles, [...] d'envisager l'éradication de cette violence faite aux femmes, aux enfants qu'est l'acte sexuel répété, marchand et non désiré[2]. » Comme si le militantisme pouvait mettre au pas la pulsion masculine, comme s'il fallait toujours associer « femmes et enfants » (on note que l'adolescence n'existe plus et que l'on passe directement de l'enfant à l'adulte, sauf lorsqu'il s'agit de prostituées qui ne sont jamais totalement des adultes), comme si enfin on décidait de la bonne sexualité par l'adoption d'une

---

1. Souligné par nous. *Le Monde*, 16 janvier 2003. Opinion libre de Danielle Bousquet, Christophe Careche et Martine Lignières-Cassou, tous trois députés du parti socialiste, sous le titre : « Oui, Abolitionnistes ! »
2. Libre opinion de Marie-Christine Aubin, *Lettre de la Commission du droit des femmes*, Egalité hommes/femmes, Fédération PS de Paris, octobre 2002.

motion prise à la majorité des voix. Mieux vaudrait rendre obligatoire une bonne dose de bromure quotidienne !

Les garçons comme les filles

Il apparaît peu ou prou que la sexualité féminine est la plus recommandable des deux. Non seulement la douceur et la tendresse les éloignent de la violence et de la domination propres à la sexualité archaïque des hommes, mais leur physiologie les leur interdit. Pour pallier cette irréductible différence, une solution s'impose plus ou moins ouvertement : rapprocher la sexualité masculine de la sexualité féminine. Pour ce faire, nous devrions élever nos fils comme nos filles. Christina Hoff-Sommers a très bien montré dans son livre, *The War against Boys*[1], que la guerre contre les stéréotypes masculins avait déjà commencé aux Etats-Unis. Il ne s'agit pas de lutter contre les excès de la masculinité, mais contre la masculinité *per sé*, accusée d'être la cause de toute violence. D'ailleurs, note-t-elle, il est de plus en plus rare d'entendre l'éloge de celle-ci. Au contraire, toutes

---

1. *The War against Boys. How Misguided Feminism Is Harming our Young Men*, 2000.

les valeurs positives associées à elle sont systématiquement dénigrées. Le courage et la prise de risques sont associés à l'inconscience, contraires au
principe de précaution, la force à la violence qui
ne fait que des ravages, le goût de la conquête à
un impérialisme blâmable, le péché capital.

Cette conception de la masculinité est rava-
geuse à un double point de vue. Tout d'abord, ces
caractéristiques traditionnellement attribuées à
l'homme appartiennent en fait aux deux sexes. En
les calomniant, on n'en prive pas seulement le sexe
masculin, on l'interdit chez l'autre. Ceux et celles
qui ne conçoivent les femmes que comme des
victimes à protéger n'imaginent pas qu'elles puissent dire non, donner une paire de claques, bref, se
défendre physiquement et moralement. L'image de
la femme muette, passive et soumise n'est pas
conciliable avec l'apprentissage des sports d'auto-
défense au collège. Ensuite, nombre de féministes
des années 1970-1980 ont fait la cruelle expérience
(pour leur parti pris idéologique) de l'échec d'une
éducation asexuée. Non pas qu'il faille distinguer
les tâches féminines et masculines à la maison. Mais
imposer aux petites filles et aux jeunes garçons les
mêmes jouets, activités et objets d'identification est
absurde et dangereux. L'apprentissage de l'identité

sexuelle est vital et, n'en déplaise à certains, elle se fait par oppositions, caricatures et stéréotypes. Non seulement elle ne doit pas être une souffrance pour les garçons[1], mais elle est au contraire la condition des retrouvailles ultérieures avec l'autre sexe. C'est seulement lorsque le sentiment d'identité masculine n'est plus une question[2] que les frontières s'effacent et que la connivence peut naître. La ressemblance des sexes est au bout du chemin et certainement pas au début. L'éducation peut tout, disait Leibniz, même faire danser les ours. Mais le petit garçon n'est pas un ours et l'on ne joue pas avec l'acquisition de l'identité sexuelle.

C'est pourquoi on ne peut que s'inquiéter quand on entend rapporter ici ou là la volonté chez certaines d'aligner la sexualité masculine sur la féminine ou de procéder à la police des corps. Que penser, par exemple, de l'exigence de faire uriner les hommes assis, comme les femmes ? Cette fantaisie n'a pas été seulement le fait de femmes appartenant au milieu alternatif de Berlin. *Libération* rapportait en 1998 qu'« elles apposent sur leurs

---

1. Voir William Pollack (de la Harvard Medical school) et Ronald F. Levant (psychologue de l'Université de Boston). Cité par C. Hoff-Sommers.
2. E. Badinter, *XY. De l'identité masculine*, 1992.

W-C des panneaux d'interdiction représentant un mâle en train d'uriner debout, barré à gros traits rouges : jugés incapables de pisser debout sans inonder les toilettes, les hommes sont sommés de s'asseoir sur la cuvette[1] ». Même son de cloche en Suède, où il est de bon ton, dans certains milieux aussi féministes qu'hygiéniques, d'apprendre au petit garçon à faire pipi assis comme une fille. Dès 1996, un homme en colère prend la plume dans le journal *Göteborgspoten* pour dénoncer ces « mères cruelles qui forcent leurs chéris à pisser assis ». Le journal anglais *Sterling Times* consacre un long article en avril 2000 sur le phénomène qui touche la nouvelle génération de Suédois. Il signale, entre autres, qu'un groupe féministe de l'Université de Stockholm fait campagne pour qu'on enlève tous les urinoirs. Se tenir debout est considéré comme le comble de la vulgarité et une violence suggestive, bref, *a nasty macho gesture*. Pour l'heure, les hommes renâclent mais n'osent pas vraiment s'y opposer. Nombre de jeunes pères se sentent obligés par leur compagne d'apprendre à leur fils cette nouvelle technique du corps bien féminine.

---

1. Article de Lorraine Millot, 13 avril 1998 : « Les Allemandes, du combat féministe à l'apartheid ».

173

On peut en sourire ou y voir une violence symbolique, certes plus douce, mais symétrique de celle évoquée par Samia Issa dans un camp de réfugiés palestiniens au Liban[1]. Là, les hommes ont supprimé les toilettes des femmes au prétexte de l'incidence provocante de celles-ci. Les femmes en sont réduites à utiliser des sacs en plastique. Dans ce cas, on parle à juste titre de domination masculine. Mais, dans le premier, parlerait-on de domination féminine ?

En matière de sexualité, le féminisme défensif actuel est au cœur d'une double contradiction. Sans jamais s'exprimer sur la liberté sexuelle des femmes, il prône un encadrement de plus en plus strict de la sexualité masculine qui atteint par ricochet celle des femmes. L'élargissement progressif de la notion de crime sexuel et la répression mise en place depuis quelques années dessinent la carte d'un sexe légal, moral et sacralisé en opposition radicale avec la liberté sexuelle dont usent — certains diront abusent — les nouvelles générations. Par ailleurs, ce féminisme qui ne dédaigne pas le différentialisme prône la ressemblance des sexes là

---

1. « Des femmes entre deux oppressions », *Les Femmes, mais qu'est-ce qu'elles veulent?*, sous la direction d'Henri Lelièvre, 2001, p. 121.

où justement elle n'existe pas. Lutter contre l'*imperium* masculin est une nécessité ; mais la déconstruction de la masculinité en vue de l'alignement sur la féminité traditionnelle est une erreur, sinon une faute. Changer l'homme n'est pas l'anéantir. L'Un *est* l'Autre à condition que persistent l'Un *et* l'Autre.

CHAPITRE IV

REGRESSION

La raison première du féminisme, toutes tendances confondues, est d'instaurer l'égalité des sexes et non d'améliorer les relations entre hommes et femmes. Ne pas confondre l'objectif et ses conséquences, même si l'on fait parfois mine de croire que les deux vont de pair. Les divergences féministes sur le concept d'égalité et les moyens d'y parvenir mettent en lumière des points de vue bien différents sur le rapport des sexes. Selon les féministes, le maintien de la connivence avec les hommes est essentiel, accessoire ou impossible.

Reste que tout discours féministe s'adresse en priorité à un public féminin qui n'a que faire des batailles idéologiques des théoriciennes, même si les femmes sont les premières à en subir les conséquences. Or, pour la majorité des femmes, il ne peut y avoir d'amélioration de leur condition que par une conquête de l'égalité qui ne mette pas en péril leurs relations avec les hommes. Même si elles savent bien que l'on n'arrache pas au maître ses privilèges sans résistance ni grincements de dents, elles connaissent aussi la vérité du propos de Margaret Mead : quand un sexe souffre, l'autre souffre aussi. Bien que les unes trouvent les progrès trop lents et les autres le partage de leurs dépouilles trop rapide, la plupart des femmes et des hommes ont envie de vivre ensemble et de mieux vivre. C'est dire si le féminisme radical a peu de chance d'être entendu.

Aujourd'hui, la question se pose du bilan du courant féministe qui a dominé ces quinze dernières années. En phase avec la société globale, il en appelle tantôt au différentialisme, tantôt au victimisme, parfois aux deux ensemble. A l'aise dans les partis politiques de droite comme de gauche, dans les instances européennes ou le monde associatif, son credo tient en deux propositions principales : les femmes sont toujours les victimes des hommes et appellent une protection particulière. Elles sont essentiellement différentes d'eux, et l'égalité des sexes exige la prise en compte de cette différence.

Ces deux postulats, souvent indissociables, qui triomphent dans toute l'Union européenne, dessinent un modèle de relation entre les sexes et une conception de l'égalité dont il faut mesurer les conséquences. Qu'en est-il aujourd'hui du rapport entre hommes et femmes ? La remise à l'honneur de la différence biologique est-elle propice ou non à l'émancipation des femmes ?

QUAND CHACUN SE PENSE
VICTIME DE L'AUTRE

Inutile de fermer les yeux, les relations entre hommes et femmes n'ont guère progressé ces dernières années. Peut-être même, l'individualisme aidant, se sont-elles détériorées. Non seulement le contentieux n'est pas vidé, mais il s'est alourdi. Les deux sexes se posent en victimes l'un de l'autre, à ceci près que les femmes parlent haut et fort et que les hommes murmurent. Elles disent leur lassitude ou leur colère du partage toujours inégal des pouvoirs et des devoirs. Ils se sentent dépouillés de toute spécificité et objets d'attentes contradictoires. On leur demande à la fois de conserver les vertus de leurs grands-pères (force protectrice, courage,

181

sens des responsabilités) et d'acquérir celles de leurs grand-mères (écoute, tendresse, compassion). Bref, ils éprouvent souvent une désagréable impression de confusion identitaire face à des femmes qui hésitent de moins en moins à se comporter comme les hommes de jadis, voire à leur faire la loi. Au propre et au figuré ; individuellement et socialement. Au demeurant, il faut se garder de toute généralisation. Le rapport homme/femme peut différer du tout au tout selon les classes sociales et les générations[1]. Il est indécent de faire l'amalgame entre la condition des femmes dans les banlieues les plus défavorisées et celle des classes moyennes ou supérieures. Il est inexact de laisser entendre, sans plus de précision, que *les* femmes en général sont les victimes *des* hommes. La réalité est infiniment plus complexe, offrant à chacun des deux sexes des arguments pour se dire victime de l'autre.

Depuis une quinzaine d'années, on a pu constater la montée en puissance de l'idéologie féministe. Paradoxalement, c'est au moment même où le féminisme développe le thème de la victimisation des femmes qu'il impose son mode de pensée dans une large partie de la société et ses lois

---

1. *Elle*, 10 mars 2003.

protectrices dans les assemblées politiques. Depuis l'alourdissement des peines concernant le viol, on a assisté à la création de nouveaux délits sexuels (harcèlement, prostitution des seize-dix-sept ans) qui visent en priorité les hommes et au vote des lois en faveur des femmes (parité ou nom patronymique). Il ne s'agit pas ici de discuter du bien-fondé ou non de ces dispositions, mais de souligner le pouvoir réel du féminisme dans des sphères de pouvoir non négligeables. Si l'on ajoute que toutes ces lois ont bénéficié d'un fort soutien médiatique souvent accompagné d'un procès en bonne et due forme du genre masculin, et sans la moindre protestation masculine, le sentiment existe dans l'autre camp que les femmes ne sont peut-être pas des victimes aussi impuissantes qu'elles se plaisent à le dire[1].

Passe encore la fin programmée de leurs privilèges (indéfendables), mais la répression des mœurs qui touche à l'intime et surtout le sentiment diffus d'une culpabilité collective de genre sont de moins en moins bien supportés par les

---

1. Sentiment d'autant plus fort aujourd'hui que les femmes, largement majoritaires depuis plusieurs années à l'Ecole de la magistrature, sont devenues leurs juges et en particulier pour tout ce qui concerne les affaires familiales, garde d'enfants, etc.

hommes. A voir l'état des lieux masculin publié par le magazine *Elle*[1], à l'occasion de la Journée de la femme, on n'a guère de raisons de se réjouir.

Débarrassés, pour une fois, du carcan de la bien-pensance, les hommes, toutes générations confondues, ne se gênent pas pour dire leur mal-être et leur ressentiment à l'égard des femmes qu'ils considèrent comme les grandes gagnantes des trente dernières années. Dépossédés, désorientés, amers ou inquiets, ils s'imaginent dans leurs pires cauchemars un futur d'homme-objet, castré, inutile (même dans la reproduction). Les plus vieux parlent des « championnes » qui les ont terrassés ; les plus jeunes de « domination féminine ». Tous redoutent peu ou prou leurs nouvelles rivales.

A lire cette enquête exceptionnelle, on constate que les hommes se perçoivent bien souvent comme les victimes d'une évolution qui leur a été imposée et d'une mise en accusation injuste. Ils attribuent aux femmes une toute-puissance qu'elles ne se reconnaissent pas. En vérité, le féminisme a bien gagné la bataille idéologique. Il se trouve aujourd'hui doté d'un pouvoir moral et culpabilisateur considérable. Mais les hommes font mine

---

1. N° 2984, 10 mars 2003.

d'oublier qu'ils conservent jalousement le pouvoir qui conditionne tous les autres, à savoir le pouvoir économique et financier. Il n'est pas inutile de rappeler ici qu'en dépit d'études plus poussées que celles des hommes[1], la proportion de chômeuses est plus importante que celle des chômeurs ; qu'à formation similaire, l'écart des salaires se creuse toujours au détriment des femmes ; que le « plafond de verre » n'est pas un mythe puisqu'elles ne représentent que 8 % des cadres dirigeants des cinq mille premières entreprises françaises et ne sont que 5,26 % à siéger dans les conseils d'administration des 120 plus grandes sociétés de notre pays[2] ; qu'enfin nombre d'hommes arguent de leur supériorité financière pour abandonner l'essentiel des tâches domestiques et familiales à leurs compagnes.

Les hommes, pris individuellement, ne se sentent pas responsables de cet état de fait et ne retiennent que la condamnation morale qui les englobe tous.

---

1. Il y a aujourd'hui 120 filles pour 100 garçons dans l'enseignement supérieur, et les salariées à temps complet sont en moyenne plus diplômées que leurs collègues masculins. Dominique Méda, *Le Temps des femmes*, 2001.
2. Etude d'Actiondefemme, « Les femmes dans les conseils d'administration des sociétés du CAC 40, du SBF 120, du premier marché, des 200 premières entreprises françaises », 8 mars 2003.

Quand on ne parle plus que de violence et de domination masculines, la majorité des hommes ne s'y retrouvent pas. Quand on prétend leur imposer une nouvelle morale sexuelle, le séparatisme dont personne ne veut est moins loin qu'il n'y paraît.

Il n'est donc pas illégitime de poser la question : la rhétorique de la victimisation ne s'est-elle pas usée dans la mauvaise direction ? N'aurait-il pas mieux valu lutter pied à pied dans tous les domaines, privé, public et professionnel, entachés d'inégalité[1] ? Autrement dit, descendre dans la rue pour dénoncer ces injustices plutôt que de faire le procès des hommes ?

QUAND LA DIFFERENCE FAIT LOI

Le féminisme actuel doit aussi rendre compte aux femmes des progrès de leur condition. Prenant le contre-pied du féminisme universaliste, il a liquidé le concept d'égalité et promu bon gré mal gré le retour en force du biologique. L'hymne à la nature a étouffé le combat social et culturel.

---

1. Voir sur tous ces points les excellentes analyses du Groupe marchés du travail et genre (Mage), dirigé par Margaret Maruani.

L'image de la femme a retrouvé son ancien cadre, ce qui semble convenir à beaucoup de monde.

Entre la femme-enfant (la victime sans défense) et la femme-mère (pour les besoins de la parité), quelle place reste-t-il à l'idéal de la femme libre dont on a tant rêvé ? A moins que celui-ci ne soit plus de mise dans un système de pensée qui retricote chaque jour l'idée de nature féminine en opposition avec une « culture » masculine. *La* femme prisonnière de sa nature, *les* hommes sommés de changer de culture. Message contradictoire s'il en est, qui déroute les unes et exaspère les autres. Message entendu par les hommes qui, sans le dire, en font leurs choux gras.

Les plus grands progrès accomplis ces dernières décennies l'ont tous été grâce à l'audacieuse déconstruction du concept de nature. Non pour la nier, comme on l'a souvent dit, mais pour la remettre à sa juste place. On a ainsi offert à chacun une liberté sans précédent par rapport aux rôles traditionnels qui définissaient le genre. C'est cette philosophie-là, culturaliste et universaliste, qui a changé la condition féminine et levé l'opprobre sur l'homosexualité. On a alors appris que le sexe, le genre et la sexualité ne prédéterminent pas un destin.

Or ce discours n'est plus de mise. Par deux fois en l'espace de dix ans, notre pays a lancé aux femmes, mais aussi à la société tout entière, un fort signal différentialiste. Bien qu'ils paraissent étrangers l'un à l'autre, ils ont donné à penser, d'une part, que les femmes n'ont pas les mêmes droits et devoirs que les hommes et, de l'autre, qu'elles forment une société à part de celle des hommes. Le premier signal fut l'acceptation du foulard islamique à l'école ; le second fut l'inscription de la différence des sexes dans la Constitution pour justifier une discrimination positive. Dans un cas, les féministes oublièrent de protester ; dans l'autre, ce sont elles qui remirent à l'honneur la différence biologique et avec elle la spécialisation des rôles.

Du relativisme culturel au particularisme sexuel

Tout a commencé dans les années 1970-1980 avec la remise en cause de l'universalité de la loi. Universalité jugée fallacieuse parce qu'elle n'exprimerait en réalité que l'intérêt des puissants, dissimulé sous le voile de la neutralité. Entre la critique marxiste des superstructures idéologiques et la dénonciation de l'ethnocentrisme par l'anthropologie lévi-straussienne, l'universalité fut jetée aux poubelles de l'Histoire. La loi vidée de son contenu et dépouillée de sa légitimité a perdu son autorité.

Fut d'abord en ligne de mire la Déclaration universelle des droits de l'homme. Accusée de n'être que l'expression de la culture occidentale et des valeurs judéo-chrétiennes, d'aucuns y virent un impérialisme à combattre au nom du respect des autres cultures. Le relativisme culturel venait de faire son entrée en force sur la scène politique et l'égalité des sexes allait en faire les frais. La première offensive eut lieu à l'occasion du rapprochement des familles des travailleurs immigrés venus d'Afrique. Le droit à la polygamie et à l'excision des petites filles fut doctement discuté. Emportées par la haine de soi et l'aveuglement, de nombreuses voix s'élevèrent pour qu'on respecte scrupuleusement les coutumes étrangères. De jeunes Africaines eurent beau supplier qu'on leur applique la loi française, les belles âmes relativistes firent mine de ne pas entendre. Pendant des années, non seulement on s'épargna d'enseigner la loi de la République aux nouveaux arrivants, mais on ferma les yeux devant des pratiques absolument contraires à cette loi. Les représentants de l'Etat et ses institutions, terrorisés à l'idée d'être taxés d'intolérance, s'agenouillèrent devant les différences quoi qu'il en coûtât à leurs victimes. Il fallut beaucoup de courage et de convictions aux féministes telles Benoîte Groult et quelques autres, ainsi qu'aux tribunaux, pour continuer à lutter contre l'intolérable tolérance. Après des années de proclamations culpabilisantes, les relativistes abandonnèrent ce terrain miné pour en investir d'autres, sans pour autant manifester le moindre repentir.

C'est à l'occasion du débat sur le foulard islamique en 1989 que l'universalisme connut sa première grande défaite et que l'on admit pour la première fois une différence de statut entre hommes et femmes. Sous l'événement apparemment anodin du port d'un foulard par des jeunes filles musulmanes se cachait une double transgression, dont l'une a occulté l'autre. En effet, ce n'était pas seulement un défi lancé à la laïcité traditionnelle, c'était aussi l'affirmation de devoirs spécifiques qui incombent à la femme en vertu de sa nature. Il est probable que les jeunes provocatrices, encouragées ou non par leurs parents, n'ont jamais pris conscience de la signification de leur acte, mais nul ne s'est vraiment soucié de leur expliquer qu'elles mettaient en péril l'idée d'égalité des sexes et par voie de conséquence la libération des femmes au sein de leur propre communauté. Au contraire, beaucoup s'empressèrent d'ignorer la symbolique de la soumission pour n'y voir qu'un acte de liberté qui appelait l'indulgence selon les uns, le respect selon les autres.

Le port du foulard imposé par les courants fondamentalistes signifie qu'une femme doit cacher ses cheveux pour ne pas être objet de désir. Il est le signal pour tous les hommes qui ne sont pas de sa famille qu'elle est inabordable et intouchable. Sans lui, non seulement elle est provocante, mais elle endosse la responsabilité de cette provocation et de ses suites. D'emblée, la femme est coupable de susciter des désirs impurs alors que l'homme est innocenté de les éprouver. Son corps n'a pas la même valeur que celui de l'homme. Il est une menace qu'il faut dissimuler pour le désexualiser et le rendre inoffensif. Le foulard des jeunes lycéennes françaises et la burka des Afghanes ont la même signification symbolique : cachez ce corps que je ne saurais voir sous peine que j'en fasse ma chose. Seule différence : le degré de fondamentalisme qui n'est évidemment pas le même d'une société à l'autre.

En acceptant le port du foulard dans les écoles publiques, la République et la démocratie françaises ont peut-être fait la preuve de leur tolérance religieuse, mais elles ont carrément abandonné l'exigence de l'égalité des sexes sur le territoire national.

191

Elles ont même lancé un message fort en sens contraire qui n'a pas été perdu pour tout le monde : faites ce que vous voudrez de vos filles, ce n'est plus notre affaire. Curieusement, le gouvernement de l'époque, imprégné du dogme relativiste, crut bon de se résigner. Plus étrange encore le silence du féminisme officiel qui fit semblant de croire qu'on faisait beaucoup de bruit pour rien. Le mot d'ordre étant : plus on s'indignera, plus on multipliera les provocations et plus on fera le jeu de l'extrême droite. Les anti-foulards furent priés de se taire pour ne pas être les complices de Le Pen. Mais la mode du foulard, au lieu de disparaître comme on nous l'avait prédit, se répandit un peu partout tel un signe de ralliement ou de défi lancé aux valeurs républicaines.

Les conséquences de ce reniement n'ont jamais été tirées. Le foulard n'a été que la face visible de l'iceberg. Avec lui une certaine conception de la jeune fille s'est trouvée légitimée dans les quartiers à majorité musulmane. Elle est dénoncée aujourd'hui par des jeunes femmes de banlieues. « Ni putes ni soumises », disent-elles[1], parce que

---

1. Bien qu'elles refusent l'appellation de « féministes », car, disent-elles, elles ne se reconnaissent pas dans le féminisme actuel, toutes celles qui ont participé à la Marche des femmes témoignent d'une conformité au féminisme originel.

depuis dix ans ce sont les deux images d'elles qui tendent à s'imposer. Soit elles entendent vivre comme le reste des Françaises en faisant usage des droits qui leur sont reconnus, et elles encourent l'irrespect et la violence des garçons. Soit elles se soumettent à la loi des hommes qui les enferment dans la famille. La présidente de l'association[1] qui a lancé le mot d'ordre libérateur, Fadela Amara, trente-huit ans, fait ce constat douloureux : « La régression du statut de la femme dans les quartiers [où le message féministe n'a jamais pénétré] s'est traduite par une recrudescence des violences envers les filles, des mariages forcés, du harcèlement par les garçons. On ne parle pas de sexe dans les familles, ni dans les quartiers. On ne peut pas fumer. On ne peut pas se mettre en jupe. On ne peut pas fréquenter de garçons, sinon on passe pour la pétasse ou la salope du quartier. On ne peut pas participer à des conversations, on nous dit : "rentre à la maison" ou "casse-toi". On retire les filles des écoles : le mythe de la beurette qui fait des études a explosé en vol[2]. »

---

1. La Fédération nationale des maisons des potes.
2. *Libération*, 31 janvier 2003.

La dégradation des rapports entre hommes et femmes dans certains quartiers est effarante. « Depuis des années, dit Safia, 28 ans, mes sœurs, mes cousines, mes copines subissent cette violence. Il y a une vraie régression. Avant [quand ?], on sentait une solidarité, aujourd'hui, nous les jeunes femmes, on se cache, on rase les murs[1]. » Et Fadela Amara, qui se dit musulmane pratiquante, reconnaît : « Dans les familles maghrébines, les instruments d'oppression sont plus forts. *Les courants fondamentalistes ont un effet direct sur les garçons* : cela s'est immédiatement traduit par de la violence sur les sœurs, les voisines[2]. » Propos confirmés par Kahina, étudiante en maîtrise d'économie et sœur de Sohane Benziane, brûlée vive par de jeunes voyous de Vitry-sur-Seine : « A partir du moment où une doctrine dit que la femme est inférieure à l'homme, alors ça peut être la porte ouverte aux débordements. Et puis, je trouve ridicule le débat sur le port du voile. Il faut mettre l'islam au même niveau que les autres religions [...]. *Il faut interdire le voile dans les écoles*[3]. »

---

1. *Ibid.*
2. *Ibid.* Souligné par nous.
3. *Elle,* 3 février 2003. Souligné par nous.

La République n'a pas seulement abandonné les quartiers en grande difficulté. En cédant aux pressions communautaristes, en faisant sienne la philosophie différentialiste, elle a laissé se développer en son sein un processus intolérable d'oppression des femmes. Il est plus que temps d'inverser la donne et de renoncer à une idéologie responsable d'un tel désastre. Il est temps également de rappeler qu'aucune religion, aucune culture, ne peut avoir le dernier mot contre l'égalité des sexes. Qu'on le veuille ou non, celle-ci est mieux garantie par la loi universelle qui s'impose à tous que par le relativisme qui ouvre la voie à toutes les exceptions.

Les féministes en étaient convaincues jusqu'au moment où certaines crurent faire faire un pas décisif à l'émancipation des femmes en proclamant le particularisme sexuel. Ce fut la seconde défaite de l'universalisme qui sonne peut-être aussi la déroute des femmes.

Pour justifier l'inscription du dualisme sexuel dans la Constitution en 1999, certaines paritaires se livrèrent à des contorsions philosophiques qui n'avaient d'autre but que de remettre à l'honneur la différence biologique et ses particularismes. L'universel fut accusé d'être masculin et l'humanité d'être une abstraction. On inventa un universel mixte et une humanité duelle sans souci de la contradiction dans les termes. *Exit* le concept d'humanité qui unit tous les êtres humains par-delà leur différence de sexe et de race, et la notion d'universel fut tout bonnement vidée de son contenu. Mais là n'est pas le plus grave. L'analyse biaisée des concepts ne signifie pas leur disparition. En revanche, la philosophie qui préside à l'analyse implique un point de vue sur les femmes et le rapport des sexes qui n'est pas sans conséquences.

La biologie et la distinction des rôles

En faisant de la différence biologique le critère ultime de la classification des êtres humains, on se condamne à les penser l'un par opposition à l'autre. Deux sexes, donc deux façons de voir le monde, deux types de pensée et de psychologie, deux univers différents qui restent côte à côte sans jamais se mélanger. Le féminin est un monde en soi, le masculin en est un autre, qui rendent difficile le passage des frontières et semblent ignorer les différences sociales et culturelles.

En déduisant le féminin de la capacité maternelle, on définit la femme par ce qu'elle est et non par ce qu'elle choisit d'être. En revanche, il n'y a pas de définition symétrique de l'homme, toujours appréhendé par ce qu'il fait et non par ce qu'il est. Le recours à la biologie ne concerne qu'elle. On ne définit jamais l'homme par sa capacité paternelle ou par l'importance de ses muscles. Elle est d'emblée arrimée à son corps alors qu'il en est libéré. La maternité est son destin alors que la paternité est un choix. Cette cosmogonie sexuelle pose plus de questions qu'elle n'en résout. Si la maternité est l'essence de la féminité, on laisse à penser que celle qui la refuse est une anormale ou une malade. En l'étiquetant « viriliste », on lui ôte son identité et on la déclare indigne de son sexe. Elle est comme jetée hors de la communauté des femmes. Car si on plaint la femme stérile, on condamne l'égoïste qui refuse la condition de ses paires. Ce faisant, on indique bien que la maternité n'est pas un choix mais une nécessité que l'on peut tout au plus reculer dans le temps mais non éluder.

Même si la bien-pensance interdit toute condamnation explicite des femmes qui ne sont pas mères, on ne rate pas une occasion de souligner qu'elles se sont aliénées pour se faire une place dans le monde masculin. De ce fait, non seulement elles trahissent la cause des femmes, mais elles tournent le dos aux vertus fémino-maternelles.

Les 3 % de Françaises qui ne veulent pas être mères et font usage de leur liberté sont donc inclassables au regard du critère adopté. Ni hommes ni « vraies » femmes, ce sont toujours des êtres à part qu'on regarde avec suspicion.

Outre ces femmes laissées à leur liberté, la conception de la femme-mère engendre une théorie de la psychologie féminine inscrite dans la nature qui ne va pas de soi. La capacité maternelle unirait le genre féminin tant par ses communes caractéristiques que par ses communes préoccupations. On a recensé les premières à l'occasion de la parité où les femmes se décrivirent plus altruistes, plus concrètes et plus pacifiques que les hommes, comme si toutes ces vertus étaient innées et non le résultat d'un apprentissage et d'un conditionnement social. On a fait semblant de penser que leurs intérêts communs l'emportaient sur leurs divergences au point de constituer une entité politique distincte de l'autre sexe. Deux points de vue sur le monde : un point de vue féminin, un point de vue masculin. On a un peu vite oublié la lutte des classes et la divergence des intérêts masculins. De même, il faut être sourd pour ne pas entendre les multiples points de vue féminins, notamment sur les sujets qui les concernent au premier chef : avortement, salaire maternel, travail à temps partiel ou parité.

En vérité, le relativisme sexuel comme principe politique est un leurre. Hommes et femmes ne constituent pas deux blocs séparés. D'une part, on ne vote pas en fonction de son sexe, mais de ses intérêts et de son idéologie. D'autre part, il y a bien moins de différences entre un homme et une femme de même statut social et culturel qu'entre deux hommes ou deux femmes de milieux différents. Contrairement à ce qu'on a voulu faire croire, la différence sexuelle est peu de chose au regard de la différence sociale et la mère chômeuse avec deux enfants n'a pas les mêmes priorités que la mère énarque ou chef d'entreprise.

Enfin, plus graves à nos yeux sont les implications immédiates et pratiques du différentialisme sexuel. A faire du biologique le critère distinctif des femmes, on justifie par avance la spécialisation des rôles que l'on s'est efforcé de combattre depuis plus de trente ans. Sous couvert de la lutte contre l'horrible neutralité et l'abominable indifférenciation, on redonne une vigueur inespérée aux vieux stéréotypes tant masculins que féminins. Il est à craindre que les hommes aient tout à y gagner et les femmes beaucoup à y perdre.

LE PIEGE

La succession de deux discours féministes opposés est source de confusion. Les femmes et les hommes de trente à quarante ans ont aujourd'hui hérité des avantages du premier sans même le savoir. Ils baignent dans le second sans même le vouloir. Les femmes tiennent fermement à leur liberté sexuelle, à l'idéal d'égalité et au partage des rôles sans mesurer que ces trois exigences appellent une rupture radicale avec les croyances de jadis. Le retour du biologique, depuis plus de dix ans, sans contre-feux de la part du féminisme, rend difficile sinon impossible la marche vers l'égalité. On ne peut pas à la fois invoquer l'*instinct* maternel (au lieu de parler d'*amour*) et espérer impliquer davantage les hommes dans l'éducation de leurs enfants et la gestion du quotidien. On a beau leur en faire un devoir moral et psychologique, on leur offre simultanément la clé des champs. Il est d'ailleurs frappant de voir à quel point le binôme femme/famille est si peu questionné par les médias depuis quelque temps. L'idéologie maternaliste est de retour et la maternité est redevenue le pivot intangible de la vie féminine. Ce faisant, les jeunes femmes sont aujourd'hui les cibles d'injonctions contradictoires et comme écartelées entre deux féminismes qui s'annulent. D'un côté, le féminisme de l'égalité ne cesse de leur rappeler qu'en dépit de meilleures études que les garçons l'infériorité de leurs salaires et la double journée de travail restent leur lot. Deux anomalies qui n'ont pas évolué depuis dix ans[1]. De l'autre, le féminisme de la parité les adjure de sauver leur féminité menacée par la fallacieuse neutralité masculine et de se souvenir qu'elles sont mères avant tout.

Les résultats ne sont guère brillants.

Instinct maternel et allaitement

Le grand retour de l'instinct maternel est la conséquence logique de l'idéologie dominante, naturaliste et identitaire. Une certaine écologie radicale, les sociobiologistes et nombre de pédiatres et de psychologues qui prônent un retour aux valeurs sûres unissent leurs voix à celles des différentialistes pour convaincre les femmes qu'elles ont été trompées par leurs féministes de

---

1. L'écart des salaires entre hommes et femmes a même connu, pour la première fois depuis plusieurs décennies, une légère remontée en 2001.

mères. La nature fait bien les choses, nous dit-on, et les ratés sont toujours l'œuvre de la société. L'instinct maternel existe et chacune se vante de le rencontrer tous les jours. Ceux et celles qui questionnent ce concept n'ont rien compris aux femmes ni à la maternité. En soulignant les échecs et les difficultés de celle-ci, elles ont créé un sentiment de culpabilité chez de nombreuses mères privées de leurs repères et un mal-être chez toutes celles qui veulent vivre pleinement leur maternité. Plus encore, l'instinct maternel étant le propre des femmes, la contestation de l'un est la condamnation des autres. Montrer qu'à certaines périodes de notre histoire des générations de femmes ont fait peu de cas de leur progéniture[1] est tout simplement un sacrilège qui touche à la fois à leur identité et à leur dignité.

Antoinette Fouque et Sylviane Agacinski se sont d'emblée inscrites dans cette problématique. La première, en faisant de la gestation et de la relation maternelle le fondement de l'éthique. La seconde, en promouvant l'amour de la mère au

---

1. Elisabeth Badinter, *L'Amour en plus. Histoire de l'amour maternel (XIIIe-XXe siècle)*, 1980, Le Livre de poche n° 5636, 1981.

rang de modèle de sollicitude féminine. « Pour la mère, dit-elle, l'enfant, et déjà l'enfant à venir, est immédiatement autre chose qu'une excroissance de chair : il est celui dont elle se soucie absolument, celui à l'égard duquel elle ressent une responsabilité infinie. C'est pourquoi le comportement qualifié traditionnellement de "maternel", loin d'enfermer dans on ne sait quelle immanence, peut constituer un modèle universel d'ouverture à l'altérité en général[1]. » Comme le fait remarquer Pascale Molinier, « dans cette perspective, la maternité est conçue comme une capacité psychologique spontanée, mieux, une vertu naturelle, dont l'origine est laissée dans l'ambiguïté. D'un côté, S. Agacinski ne va jamais jusqu'à dire que la maternité serait strictement prédonnée par l'événement biologique de la gestation. Mais d'un autre côté, la maternité se révélant sans autre origine que son "immédiateté", ce qui nous est proposé n'est guère autre chose qu'un habillage "philosophique" de l'instinct maternel[2] ».

---

1. *Politique des sexes, op. cit.*, p. 77.
2. *L'Enigme de la femme active. Egoïsme, sexe et compassion*, Payot, 2003, p. 92.

La sociobiologiste et primatologue américaine Sarah Blaffer Hrdy, moins dogmatique que certains de ses collègues, prend de multiples précautions pour parler des *Instincts maternels* différents selon les mammifères. Elle remet d'ailleurs à sa juste place la récente découverte d'un prétendu « gène de l'instinct maternel » à partir de l'extrapolation d'une expérience faite sur la souris[1]. Elle souligne volontiers que les mères mammifères ne montrent pas nécessairement un attachement systématique et complet au nouveau-né juste après sa naissance, mais que leur « instinct maternel » se développe progressivement, par petites étapes qui impliquent également le nourrisson. Pourtant, l'importance extrême accordée aux hormones de la maternité, la prolactine qui permet la montée de lait et l'ocytocine qui déclenche, dit-elle, un « état d'euphorie », l'autorise à parler d'un instinct, sorte de fil d'Ariane qui relie les mammifères entre eux, de la souris à la femme. Que 50 % des femmes refusent d'allaiter ou que nombre d'autres ignorent cet état d'euphorie, cela ne l'empêche pas de conclure à la base biologique des émotions

---

1. *Les Instincts maternels*, Payot, 2002, p. 77. Dépourvues d'un gène particulier, les souris femelles ne s'occupent pas de leurs petits.

maternelles. Pourtant, elle ne craint pas de semer le doute en affirmant que les mères ne sont pas seules capables de ces émotions. Les pères et d'autres personnes qui ignorent pourtant tout des hormones de la maternité peuvent les éprouver aussi. Pourquoi ne pas simplement parler d'« amour » lorsque l'on convient que l'« instinct maternel » est contingent et progressif ?

La primatologue a beau distinguer la mère humaine de la primate, rappelant que l'infanticide est quasiment inconnu de la seconde et que la première a besoin de l'assistance de la société pour materner et élever son enfant, elle ne cesse de sauter de l'une à l'autre pour conclure que « mère nature conditionne une femme à faire de son enfant sa première priorité[1] ». Ne serait-il pas plus juste de constater que la nature « propose » et que la femme « dispose » en fonction de son histoire, de ses désirs et de ses intérêts personnels ? En cela, elle n'est pas une guenon comme les autres.

Quant à la pédiatre Edwige Antier, qui distribue ses conseils aux mamans à la radio, elle ne s'encombre pas des précautions scientifiques de la primatologue. L'instinct maternel existe, dit-elle,

---

1. *Ibid.*, p. 608.

puisqu'elle le rencontre tous les jours dans son cabinet. Elle peut donc affirmer qu'il est du même ordre que l'instinct de se nourrir pour survivre, qu'« il pousse à agir pour le bébé sans y réfléchir ; [qu']il s'agit d'une préoccupation que toutes les femmes ont en elles, qui fait partie de l'essence même de la femme[1] ». Pour appuyer ses dires, elle en appelle non seulement aux hormones déjà évoquées, mais aussi au gène de l'instinct maternel chez la souris. Avec un peu d'imagination, on finira par penser que la femme est une souris comme les autres. Bien entendu, les malheureuses exceptions à la règle ne remettent pas plus en cause le caractère instinctif de l'amour maternel que l'anorexique, le besoin naturel de se nourrir. Ces affirmations péremptoires ont au moins le mérite de la simplicité, même si elles ne rendent pas compte de la complexité du sentiment maternel. En revanche, on peut s'interroger sur l'objectif affiché par le Dr Antier. Elle prétend vouloir « déculpabiliser » les mères des multiples reproches dont elles sont la cible. Il n'est pas certain qu'elle y parvienne en les affublant d'un instinct que nombre d'entre elles ne ressentent pas. En vérité, c'est une pression consi-

---

1. *Eloge des mères*, 2001, p. 54.

dérable qu'on exerce sur elles, pression d'ordre moral et psychologique, lourde de conséquences économiques et sociales.

Peu à peu, l'expression « instinct maternel » a retrouvé son statut d'évidence et sa place dans le langage courant des médias. On ne s'interroge plus sur sa validité, mais sur l'existence ou non d'un « instinct paternel » ! Il n'est donc pas interdit de penser que, sous couvert de bons sentiments, on a refermé le couvercle de la contestation et rendu plus difficiles aux mères trentenaires d'aujourd'hui l'exercice de leur maternité et la conduite de leur vie. Contrairement aux femmes des années 1970, elles n'ont pas le droit aux doutes. Le discours dominant les rappelle sans cesse à leurs devoirs, c'est-à-dire à leur nature.

C'est dans la même optique que l'on a vu réapparaître le devoir d'allaitement. Au lieu de laisser à chacune le soin de choisir, en fonction de ses désirs et de ses intérêts personnels, on assiste depuis plusieurs années à une campagne sans précédent en faveur du lait maternel. Jadis, les écologistes fustigeaient les laits artificiels ; aujourd'hui, l'OMS lance ses recommandations qui deviennent des directives européennes, et la Leche League prend les mères en main. On a lancé de « nombreux travaux scientifiques pour valider une nouvelle hypothèse : l'enfant qui a bu du lait de la mère en tirerait encore les bénéfices à l'âge adulte. Il serait mieux protégé de fléaux aussi divers que l'obésité, le diabète, l'hypertension, l'artériosclérose, l'infarctus, l'asthme, les allergies, les caries, le mauvais alignement des dents et la sclérose en plaques. Le petit d'homme gagnerait même un quotient intellectuel plus élevé à vie, juste en tétant[1] ».

Qu'importe que d'autres études — tout aussi scientifiques — mettent de sacrés bémols aux premières, l'OMS a lancé sa bulle : « Toutes au sein ! », et pas pour un allaitement de quelques semaines, comme le font la majorité des 50 % de Françaises qui donnent le sein aujourd'hui[2]. Les experts de Genève pensent que « les bébés ne devraient pas toucher un biberon avant l'âge de six mois, ce qui serait tout bénéfice pour les mères puisque les femmes qui donnent le sein longtemps ont moins de risque de tumeurs mammaires[3] ».

---

1. Estelle Saget, *L'Express*, 31 octobre 2002.
2. 10 % continuent après trois mois contre 70 % en Suède ou en Norvège et 40 % en Allemagne ou en Espagne.
3. Résultats d'une étude épidémiologique réalisée sur 150 000 femmes par les chercheurs anglais du Cancer Research, publiés par la revue *The Lancet* du 20 juillet 2002.

Le mot d'ordre de l'OMS s'est traduit par une directive européenne en mai 1999 qui appelle à l'allaitement maternel. Sous prétexte de diminuer la pression commerciale des laits maternés, ceux-ci ne sont plus donnés gratuitement dans les maternités, et le personnel est prié d'expliquer aux nouvelles mères : « a) les avantages et la supériorité de l'allaitement au sein ; b) la nutrition de la mère et la façon de se préparer à l'allaitement et de le poursuivre ; c) l'éventuel effet négatif sur l'allaitement au sein d'une alimentation partielle au biberon ; d) la difficulté de substituer un allaitement au sein à une alimentation utilisant des préparations pour nourrissons ; e) en cas de besoin, l'utilisation correcte des préparations pour nourrissons doit faire l'objet d'une documentation [qui] ne doit contenir aucune image de nature à présenter l'utilisation de préparations pour nourrissons comme la solution idéale[1]. »

On reconnaîtra volontiers qu'il faut un sacré caractère pour résister à de telles pressions. Une femme qui vient d'accoucher est toujours en état de faiblesse. Souvent submergée par la tâche qui l'attend et ignorante de l'instinct qu'on lui prête,

---

1. Décret publié au *Journal officiel* le 8 août 1998, Article 1.

elle est avide de recommandations et soumise aux injonctions des « professionnelles ». Résultat : certaines allaitent contre leurs désirs, d'autres y mettent fin peu après être rentrées à la maison. Mais qui dira leur culpabilité d'avoir désobéi à des autorités si péremptoires ? Dieu merci, certains personnels des maternités françaises qui ont souvent participé au combat féministe sont plus volontiers respectueux de la liberté de chacune que dans d'autres pays. Grâce à quoi la jeune mère française est moins prisonnière que ses voisines européennes du carcan d'obligations qui définissent la maternité.

Au demeurant, nulle parole féministe ne s'est élevée contre une évolution si régressive. Nulle campagne médiatique n'est venue contrebalancer cette nouvelle culpabilisation des mères qui aurait été jugée inacceptable vingt ans plus tôt. Qui ne dit mot consent, ont dû penser nombre de jeunes mères, isolées, mal informées, abandonnées à elles-mêmes.

Instinct maternel et temps partiel

La conjonction de la crise économique et du retour implicite ou explicite de l'instinct maternel a eu des effets dirimants sur la marche vers l'égalité des sexes. Tout a conspiré pour que les mères restent à la maison. Le salaire maternel déguisé sous l'appellation « allocation parentale d'éducation » (APE), équivalent d'un demi-SMIC, a d'abord concerné les mères de trois enfants en 1985. Neuf ans plus tard[1], il est appliqué aux femmes ayant un deuxième enfant. Les premières à choisir cette solution furent évidemment les plus démunies, les moins bien formées, aux conditions de travail difficiles, celles pour lesquelles le coût de la garde des enfants est prohibitif. Celles aussi qui ont pensé qu'elles seraient meilleures mères à la maison plutôt qu'à l'extérieur. Elles furent nombreuses à s'arrêter de travailler[2] pour bénéficier de cette allocation avec des résultats très mitigés. Si, pour les unes, ce fut une bonne décision, d'autres, en revanche, s'en sont mordu les doigts. En fin de droits, beaucoup se sont retrouvées au chômage, dépendantes de leur compagnon, parfois seules et incapables de revenir sur le marché du travail. Ce sont elles qui ont fait les frais du travail à temps partiel[3], mal payé et aux horaires impossibles. Ce

---

1. Décret du 1er septembre 1994.
2. L'APE peut aussi être prise à temps partiel. A partir de 1994, le nombre de mères de deux enfants au travail est passé de 70 % à 55 %.
3. En 1998, 85 % des emplois à temps partiel étaient occupés par des femmes, et près d'un tiers des femmes salariées occupaient ces emplois.

sont elles qui ont le moins profité de la reprise économique à partir de 1997. Elles forment le bataillon des plus bas salaires et connaissent le taux de chômage le plus élevé. Si on leur avait offert des places de crèche, peut-être auraient-elles pu continuer à travailler et échapper à la précarité.

Mais le temps partiel ne concerne pas seulement la population féminine la plus fragile. Depuis le début des années 1990, il est l'enjeu d'un discours idéologique qui s'adresse à toutes les classes de la société. Présenté aux femmes — et non aux hommes — comme la solution miracle pour concilier vie de famille et vie professionnelle, il renforce d'emblée le binôme femme/famille et délivre l'homme des charges qu'on voudrait lui voir partager. Les tenants de l'instinct maternel sont les plus farouches avocats du travail à temps partiel. Ils accusent même les féministes d'avoir porté ombrage aux mères en freinant l'aménagement de leur temps de travail, au prétexte (qui est bien la réalité) que « le temps partiel pénaliserait les femmes dans leurs revenus, leur retraite et leur carrière[1] ». On pourrait ajouter qu'il les pénalise aussi dans leur indépendance à l'égard de leur conjoint.

---

1. E. Antier, *op. cit.*, p. 22.

Mais là n'est pas leur préoccupation, puisque la priorité est la conciliation entre instinct maternel et exigences professionnelles. « Que faut-il préférer, demande Edwige Antier : déléguer le plus possible votre rôle de mère, ou vous soulager d'une partie de votre travail professionnel[1] ? » La réponse va de soi : « Les femmes sont de plus en plus nombreuses à demander des congés parentaux ou des temps partiels [...]. Toutes les femmes que je rencontre sont prêtes à mettre entre parenthèses leur promotion professionnelle pour garantir à leurs enfants un bon développement. Après les avoir bercés et nourris de lait et de mots, elles les accompagnent et les soutiennent pendant l'âge scolaire. Et je les y encourage. Car il y a un temps pour tout dans nos longues vies ; reprendre et poursuivre sa carrière est possible quand les enfants sont grands[2]. »

Outre qu'il est bien difficile pour une femme qui a dépassé quarante ans de trouver un travail et plus encore de reprendre sa carrière, une telle approche est pain bénit pour les hommes qui rechignent au partage des tâches parentales et ménagères. « Et le père dans tout ça ? [...] Il est fondamental,

---

1. *Ibid.*, p. 153.
2. *Ibid.*, p. 155.

selon E. Antier. Mais son rôle est-il de changer, biberonner, bercer, d'être un clone de mère, un nouveau père », comme on a tant voulu qu'il le soit ? Ou plutôt « un compagnon, un soutien de la mère, son protecteur, celui qui la glorifie[1] ». On se croirait revenu quarante ans en arrière, avant même que Laurence Pernoud nous dispense ses précieux conseils !

Comment s'étonner ensuite que les femmes en charge d'enfants aient un temps professionnel moins élevé que celui des hommes (d'une heure pour un enfant à près de quatre heures et demie pour quatre enfants et plus), mais en revanche un temps de travail beaucoup plus élevé à la maison que le père ? Comment lutter contre la double journée de travail de celles qui occupent un emploi à temps complet ? Comment mettre fin à l'inégalité des salaires et des fonctions, si d'emblée on assigne à la femme un instinct qui la prédispose à rester à la maison ? Si la société entérine ce discours, alors elle justifie aussi la spécialisation des tâches et avec elle l'écart des conditions masculine et féminine. Les féministes différentialistes ne veulent pas de cela, mais rien dans leurs discours

---

1. *Ibid.*, p. 20.

ne peut l'empêcher. On ne peut pas à la fois distinguer hommes et femmes comme deux entités aux intérêts différents et militer pour l'indifférenciation des rôles, qui est pourtant la seule voie vers l'égalité des sexes. Des crèches supplémentaires et de meilleures possibilités de garde des enfants à domicile font plus pour celle-ci que tous les discours sur la parité. De même le congé de paternité[1] marquant symboliquement que la conciliation vie privée/vie familiale ne concerne pas seulement la mère.

---

1. Instauré en janvier 2002, le congé de paternité est passé de trois jours à deux semaines. En un an, près de 300 000 pères ont pris ce congé, soit 40 % des hommes ayant eu un enfant en 2002. Ceux qui en ont profité disent avoir découvert la multiplicité des tâches qui incombent à une jeune mère. *Cf. Elle*, 30 décembre 2002.

L'égalité se nourrit du même (=), non du différent (≠). A méconnaître cette logique élémentaire, à vouloir forcer le sens des termes, on aboutit au contraire de ce que l'on désirait. La parité qui en appelle à l'égalité dans la différence est une bombe à retardement. Très vite, comme on l'a vu, on surestime la différence et on relativise l'égalité. La différence des sexes est un fait, mais elle ne prédestine pas aux rôles et aux fonctions. Il n'y a pas une psychologie masculine et une psychologie féminine imperméables l'une à l'autre, ni deux identités sexuelles fixées dans le marbre. Une fois acquis le sentiment de son identité, chaque adulte en fait ce qu'il veut ou ce qu'il peut. En mettant fin à la toute-puissance des stéréotypes sexuels, on a ouvert la voie au jeu des possibles. Ce n'est pas, comme on l'a dit, l'instauration du triste règne de l'unisexe. L'indifférenciation des rôles n'est pas celle des identités. C'est au contraire la condition de leur multiplicité et de notre liberté.

Il est vrai que les stéréotypes de jadis, pudiquement appelés « nos repères », nous enfermaient mais nous rassuraient. Aujourd'hui, leur éclatement en trouble plus d'un. Bien des hommes y voient la raison de la chute de leur empire et le font payer aux femmes. Nombre d'entre elles sont tentées de répliquer par l'instauration d'un nouvel ordre moral qui suppose le rétablissement des frontières. C'est le piège où ne pas tomber sous peine d'y perdre notre liberté, de freiner la marche vers l'égalité et de renouer avec le séparatisme.

Cette tentation est celle du discours dominant qui se fait entendre depuis dix ou quinze ans. Contrairement à ses espérances, il est peu probable qu'il fasse progresser la condition des femmes. Il est même à craindre que leurs relations avec les hommes se détériorent. C'est ce qu'on appelle faire fausse route.

Je remercie Micheline Amar
pour ses précieux conseils.

TABLE

CET OUVRAGE A ÉTÉ TRANSCODÉ ET MIS EN PAGES
CHEZ NORD COMPO (VILLENEUVE-D'ASCQ)
ET ACHEVÉ D'IMPRIMER SUR ROTO-PAGE
PAR L'IMPRIMERIE FLOCH À MAYENNE
EN MAI 2003

N° d'impression : 57345.
N° d'édition : 7381-1265-4.
Dépôt légal : mars 2003.

Imprimé en France